KB050769

왜
5·18
민주화 운동이
일어났을까?

교과서 속 역사 이야기, 법정에 서다

59
역사공화국
한국사법정

왜
윤상원 vs 전두환

5·18
민주화 운동이
일어났을까?

글 이계형 | 그림 남기영

㈜자음과모음

1980년 5월 18일로부터 30여 년의 세월이 흘렀습니다. 공수 부대에 맞서 목숨 걸고 싸웠던 시민군은 한동안 '무장 폭도', '반란자'로 몰렸지요. 진압군 지휘부가 정권을 잡았으니 그런 누명을 피할 수도, 달리 하소연할 데도 없었습니다. 역사는 살아 있었지만 정의는 숨죽이고 있었습니다.

5월은 '어린이날'이었고 '장미의 계절'이었는데, 언제부턴가 가슴 저린 날이 되고 말았습니다. 대학 캠퍼스에서 거리로 나와 경찰과 대치하면서 온몸에 최루 가스 가루 범벅으로 눈물 콧물을 흘리면서도 민주화를 외치곤 했고, 마침내 8년이 흐른 1987년, '6월 민주 항쟁'을 통해 '국민 주권'을 이루었습니다. 가장 기본적인 원칙임에도 참 오랜 시간이 걸렸고 많은 희생을 치렀습니다.

이에 힘입어 '5·18 민주화 운동'으로 정식 규정되었고, 1988년 11월, 5·18 광주 국회 청문회가 열렸습니다. 1993년 이후 김영삼 정부의 역사 바로 세우기가 시작되면서 12·12 사태와 5·18 광주 학살의 주범인 전두환과 노태우는 법의 심판을 받고 구속되었습니다. 이로써 시민군의 명예는 회복되었고, 시민군이 지키려 한 가치가 '민주, 인권, 평화'였음을 의심하는 이는 이제 없습니다.

그럼에도 불구하고 여전히 인터넷에서는 5·18 민주화 운동을 왜곡하고 비방하는 글들이 떠돌고 있습니다. 이 글을 쓰면서 어떻게 그날 광주의 비극을 제대로 전해 줄 수 있을까, 고민하고 또 고민했습니다.

책꽂이에서 먼지가 수북이 쌓인 『5·18 광주 민주화 운동 자료 총서』를 끄집어내고, 『5·18 광주 민중 항쟁 연구』라는 박사 학위 논문을 꼼꼼히 읽으며 하나씩 정리하면서 관련된 도서들을 구입하다 보니 책장이 빼곡해졌습니다.

그런데 막상 집필하려고 하니 어려운 점이 한두 가지가 아니었어요. 5·18 민주화 운동 관련 인물들이 대부분 생존해 있고, 청문회를 거쳤지만 여전히 밝혀지지 않은 부분들이 적지 않았기 때문이에요. 당시 누가 발포 명령을 내렸는지, 작전 지휘권이 이원화되었는지, 희생자가 정확히 몇 명인지 등이 대표적인 예이지요. 그뿐만 아니라 그 배후에 불순분자들이 있었다, 희생자 대부분이 시민군이 사용한 총에 사망했다, 심지어 북한이 개입했다는 이야기들이 끊임없이 제기되고 있다는 사실에 놀랐습니다.

왜 5·18 민주화 운동이 일어났을까?

무덤덤하게 시간 순으로 사건을 정리하면서 쟁점 사항을 중심으로 하나씩 정리해 나갔습니다. 무엇보다 5·18 민주화 운동을 깎아내리려는 사람들의 주장을 반박하고 사실을 드러내고자 했습니다. 5·18 민주화 운동은 광주만의 얘기가 아니라 민주주의를 꽃피우기 위해 우리 모두가 함께한 산고였음을 보여 주고 싶었습니다. 짧은 글이지만 5·18 민주화 운동을 바로 읽고 민주주의의 가치를 새삼 깨닫는 계기가 되었으면 하는 바람입니다.

　　당시 『동아일보』 광주 주재 기자로 5·18 민주화 운동을 직접 목격하고 취재했으며 정년퇴직 후 이를 주제로 박사 학위를 받은 김영택 선생님의 도움을 많이 받았습니다. 병환 중이신 선생님의 빠른 쾌유를 빕니다.

북악골에서
이계형

차례

1979년의 10·26 사건을 계기로 군대 내의 일부 정치화된 집단은 같은 해 12월 12일 병력을 동원하여 군권을 차지하였고 정치적 실권까지도 장악하기에 이른다.

중학교	역사	Ⅳ. 대한민국의 발전 　4. 민주주의의 발전 　　(1) 서울의 봄과 5·18 민주화 운동

또다시 독재 정치가 계속될 것을 우려한 시민들은 군인들의 정권 장악 기도에 반대하고 자유 민주주의 체제의 회복을 요구하는 시위를 벌였다. 이 시위는 광주에서 절정을 이루어 5·18 민주화 운동으로 이어지게 된다.

박정희가 중앙정보부장인 김재규에게 피살되는 10·26 사건으로 유신 체제는 종말을 맞게 된다. 이 사태 이후 국무총리 최규하가 대통령의 자리에 앉게 된다. 하지만 전두환 소장을 비롯한 신군부가 반란을 일으킨다.

고등학교	한국사	IX. 대한민국의 발전과 국제 정세의 변화 2. 민주주의의 시련과 발전 (5) 신군부에 맞선 5·18 민주화 운동

일명 12·12 사태라고 불리는 신군부의 군사 반란이 일어나고 이에 실망한 국민들은 1980년 대학생들을 중심으로 민주화 운동을 전개한다. 유신 철폐와 신군부 퇴진을 요구하는 민주화 운동이 계속되던 1980년, 서울의 시위대가 자진 해산했음에도 불구하고 비상계엄을 전국으로 확대한 신군부는 5월 18일부터 시민의 민주화 시위를 폭력적으로 탄압하였다.

5·18 민주화 운동은 불법적인 권력에 저항한 민주화 운동으로 1980년대 민주화 운동의 밑거름이 되었다.

1963년	박정희 정부 성립
1974년	북한 땅굴 발견
	인혁당 사건
1976년	3·1 민주 선언 발표
1979년	YH 무역 농성 사건
	부마 민주 항쟁
	10·26 사건
	12·12 사태
1980년	5·18 민주화 운동
1981년	전두환 정부 성립
1983년	아웅산 묘소 폭파 암살 사건
1986년	서울 아시아 경기 대회
1987년	박종철 군 고문치사 사건
	6월 민주 항쟁
1988년	노태우 정부 성립
	제24회 서울 올림픽 대회
1993년	김영삼 정부 성립

1956년	헝가리·폴란드, 반공 의거
1962년	쿠바 봉쇄
1967년	제3차 중동 전쟁
1969년	아폴로 11호 달 착륙
1972년	닉슨, 중국 방문
1975년	베트남 전쟁 종식
1980년	이란·이라크 전쟁
1986년	필리핀, 민주 혁명
1988년	이란·이라크 전쟁 종전
1989년	베를린 장벽 붕괴 루마니아 공산 독재 정권 붕괴
1990년	독일 통일

원고 측 대표 윤상원(1950년~1980년)

난 전남 광주에서 태어났고, 전남대 정치외교학과에 다닐 때 들불야학 활동을 하면서 노동운동에 눈을 떴어요. 1980년 5·18 민주화 운동 당시에는 들불야학 출신들과 함께 홍보와 선전 활동에 주력했지요. 1980년 5월 27일 새벽 4시 도청을 사수하다 계엄군의 총에 맞아 사망했습니다.

원고 측 변호사 명석한

사법 고시를 수석으로 합격한 뒤 약한 자의 편에서 힘껏 도와주겠다는 어릴 적 꿈을 이루고자 판·검사를 마다하고 변호사가 된 명석한입니다.

원고 측 증인 정승화

피고가 12·12 군사 반란을 일으켰을 때 난 육군 참모 총장이었어요. 피고의 음모로 1980년 보통 군법 회의에서 내란 방조죄로 징역 10년을 선고받았다가 그해 6월 형 집행 정지로 풀려났고 1982년 사면 복권되었지요. 후에 무죄 선고를 받고 명예를 회복했습니다.

원고 측 증인 박남선

5·18 민주화 운동 당시 난 골재 채취 차량 기사로 스물여섯 살이었어요. 1980년 5월 그날, 난 시민군 상황실장으로서 시민군을 조직하고 지휘해 무장 시민군 대장으로 불렸지요.

원고 측 증인 최모범(가상 인물)

당시 동료 기사들이 부상당한 시위대원을 병원에 데려가려고 태웠다가 공수 부대원들의 총에 맞아 죽는 걸 보고 피가 끓었어요. 그래서 우리 택시 기사들도 두려움을 무릅쓰고 시위대와 함께했지요.

원고 측 증인 홍금숙

당시 난 여고 1학년이었어요. 미니버스를 타고 있었는데 주남마을 앞에서 공수 부대가 마구 총을 쏘아 함께 탔던 사람들이 모두 죽었답니다.

원고 측 증인 이희성

육사 8기로 12·12 사태 후 피고에 의해 육군 참모 총장 겸 계엄 사령관에 임명돼 5·18 당시 시위 진압을 주도했어요. 1981년 전역 후 대한방직협회 회장, 교통부 장관, 대한주택공사 이사장 등을 지냈지요.

피고 전두환(1931년~현재)

육사 11기로, 박정희 대통령이 시해되어 나라가
어지러울 때 보안 사령관 겸 중앙정보부장으로서
12·12랑 5·18을 주물렀소. 드디어 대통령이 돼서
11대, 12대 잘 지냈는데, 1997년에 12·12 사태와
5·18 관련 재판을 받고 무기 징역을 선고받았구려
글쎄. 2년 살고 풀려나서 발 뻗고 잘 지내던 참에,
아니, 웬 또 재판?

피고 측 변호사 모호한

대학 시절 피고가 설립한 일해 재단 장학금을 받아
공부하고, 졸업 후 사법 시험에 합격하자 여의도에
변호사 사무실을 마련했어요. 정치에 관심이 많아 피
고가 집권했던 5공화국 내내 피고 측근 국회 의원들
뒤를 쫓아 다녔지요. 전두환 관련 재판이 열린다는
소식에 만사 제치고 변호를 자청했습니다.

피고 측 증인 정호용

육사 11기로 피고와 동기이고 피고가 이끌던 군인 사
조직 하나회 출신이올시다. 5·18 당시 공수 여단을
총지휘하고 참모 총장을 지냈고, 전역 후에는 국방
부·내무부 장관, 국회 의원 등을 했지요. 1997년 재판
에서 구속되었지만, 뭐, 금방 풀려났어요.

피고 측 증인 최세창

육사 13기로 하나회 핵심 인물 중 한 사람이오.
12·12와 5·18 당시 제3공수 여단장으로서 부대를
지휘했지요. 사단장·군단장·3군 사령관·합참 의장
등을 역임했고 전역 후 국방부 장관 등을 지냈어요.
1997년 재판에서 징역 5년형을 선고받았다가 사면
됐습니다.

피고 측 증인 최웅

육사 12기 하나회 출신으로 5·18 당시 제11공수 여
단장으로 부대를 지휘했어요. 그 뒤 특전 사령관·합
참 본부장을 거쳐, 전역 후 파키스탄과 폴란드 대사
를 지냈습니다.

"광주 시민들은 이 땅에 민주주의가 뿌리 내리길 바랐을 뿐입니다!"

5·18 민주화 운동 당시 수백 명의 희생자들이 30여 년 세월 동안 구천을 떠돌다가 연합회를 조직했다. 이름 하여 '광주 민주화 운동 희생자 연합회'. 당시 희생된 이들뿐만 아니라, 부상을 당해 고통스럽게 살다가 돌아가신 분들, 12·12 사태 당시 탄압받던 이들도 포함되었다. 이전부터 다들 뜻은 있었지만 그때뿐이었다. 그런데 언젠가부터 5·18 기념식에 대통령이 참석하지 않고 〈임을 위한 행진곡〉 대신 〈방아타령〉이 연주되는 것을 보고, 더 이상 미룰 수 없다는 여론이 모여 연합회가 조직된 것이다.

광주에서 처음으로 노동자 야학을 개설하고 5·18 민주화 운동 당시 시민군을 이끌고 도청에서 최후까지 맞서다 희생된 윤상원이 만장일치로 회장으로 추대되었다. 회원 중에 중학생 6명, 초등학생

2명이 포함되어 있었는데, 다들 이들을 안쓰러워했다.

옛 전남 도청이 보이는 자리에서 첫 평의회를 개최했다. 그날따라 겨울비가 추적추적 내리는데, 한 사람도 빠짐없이 참석했다. 간단하게 국민의례를 마친 뒤 안건 회의에 들어가 2012년도 첫 사업안에 대해 논의했다. 여러 의견들이 제시되었는데, 특히 5·18 민주화 운동에 대한 올바른 인식이 부족하다는 데 공감했다. 이때 평소 시사 프로그램을 즐겨 보던 기획부의 이민주가 역사공화국 한국사법정의 영혼 재판이 제격이라며 적극 추천했다. 사건의 원흉이면서도 여전히 반성할 줄 모르고 기고만장한 전두환 전 대통령을 피고석에 세우자는 것이었다.

모두들 좋은 생각이라 찬성했지만, 회원들은 저승 사람들이기 때문에 이승 사람들에게 5·18 민주화 운동의 진실을 알릴 방법이 없었다. 다들 고심하고 있는데, 연합회 평의회가 개최된다는 소식을 듣고 참석해 회의를 지켜보던 저승사자 대표가 방법을 고민해 보자고 의견을 내어 영혼 재판을 추진하게 되었다.

회장 윤상원이 염라대왕에게 보내는 긴 글을 썼고, 저승사자 대표가 적극적으로 후원해 결국 허락을 받아 냈다. 하지만 대표 두 사람으로 제한되었고, 기간도 재판이 진행되는 동안으로 한정되었다. 긴급 평의회에서는 윤상원 대표와 정승화 고문을 내보내기로 했고, 저승사자는 법정에 소장을 제출하고 유능한 변호사를 섭외하기로 했다.

두 사람이 출발할 때 회원들이 조촐한 환송회를 열어 주었다. 많은 회원들이 편지를 건네며 가족들에게 전해 달라고 부탁했다. 가방

두 개에 빼곡히 편지를 담은 뒤 저승사자와 함께 이승으로 향했다.

소개받은 변호사 사무실을 먼저 찾았다. 윤상원 등이 문을 열고 들어서니 명석한 변호사가 놀라며 무척이나 반겼다. 서로 마음도 잘 통하여 이내 재판 준비에 들어갔다. 시간이 많지 않았다. 다행히 명석한 변호사가 준비를 많이 해 둔 터라 일사천리로 일이 진행되었다. 밤늦게까지 재판 내용에 대해 의견을 나누고 증인을 선정했다. 이윽고 이들은 승소를 다짐한 뒤 변호사가 마련해 준 숙소에 가서 이승에서의 첫 밤을 맞이했다.

왜 5·18 민주화 운동이 일어났을까?

1980년 봄, 광주의 외침

매년 5월 18일은 뜻깊은 날입니다. 1980년 광주에서 5·18 민주화 운동이 일어난 날이기 때문입니다.

1961년, 군부가 무력으로 국가 권력을 장악한 후 1979년 박정희가 사망하기까지 오랜 군사 독재에서 벗어나게 된 시민들은 들뜬 희망을 품게 됩니다. 제대로 된 민주주의를 실현할 수 있겠다는 꿈을 꾸게 되지요. 하지만 이 꿈이 채 현실로 이루어지기도 전에 전두환, 노태우 등 신군부는 국가 권력을 장악하기 위해 12·12 사태를 일으킵니다.

이러한 사태에 반발하여 재야 인사들은 계엄 해제와 민주화 이행을 주장하였고, 많은 시민과 학생들은 학원의 자율화와 민주화를 요구하였지요. 특히 1980년 5월 10일, 23개 대학 대표로 구성된 전국 총학생회장단은 거리 시위를 계획합니다. 이에 전두환 중앙정보부장은 북한이 남한을 침략할 조짐이 보인다면서 비상 경계 태세 돌입 명령을 내립니다.

하지만 시민들의 가슴속에 자리잡은 민주화의 열망은 쉽사리 꺼질 수 있는 것이 아니었습니다. 그래서 며칠 뒤인 5월 14일, 광주에서는 대학가와 전남 도청 일대에서 거리 시위가 벌어졌지요. 시위대는 '계

국립 5·18 민주 묘지의
추모탑

엄령을 해제하라', '전두환은 물러가라'라는 구호를 외쳤습니다. 이에
계엄군은 5월 18일, 시민과 학생들을 구타하고 연행하기 시작하였습
니다. 다음 날 더 많은 계엄군이 광주에 도착했고 시민들을 억압하였
습니다. 하지만 시민들의 저항은 심해져 갔습니다. 계엄 당국에 의해
휴교령이 내려졌고, 버스, 화물차, 택시 등으로 구성된 차량 시위대까
지 출현하였지요.

이후 1980년 봄 광주는 아수라장이 되었습니다. 민주주의를 꿈꾸는
시민들과 이런 시민의 외침을 무시하는 계엄군 사이에서 격한 충돌이
벌어졌기 때문입니다. 결국 많은 시민들이 시신이 되어 가족들 품으
로 돌아갈 수 없게 됩니다. 5·18 민주화 운동은 많은 희생자를 내었지
만 한국 사회에서 지속적으로 전개된 민주화 운동의 원동력이 되었고,
1987년 6월 민주 항쟁의 밑거름이 되었습니다.

| 원고 | 광주 민주화 운동 희생자 연합회 | 대리인 | 명석한 변호사 |
| 피고 | 전두환 | 대리인 | 모호한 변호사 |

청구 내용

1979년 10월 26일, 당시 대통령이던 박정희가 죽자 국민들은 19년 동안의 독재에서 벗어났다며 '서울의 봄'을 꿈꿨습니다. 하지만 보안 사령관이었던 피고는 권력을 잡기 위해 육군 참모 총장 겸 계엄 사령관 정승화를 체포하는 12·12 사태를 일으켰는가 하면, 대통령과 국무 위원들을 위협하여 비상계엄령을 전국으로 확대시켰습니다. 피고는 김대중 등 정치인과 학생들을 체포하고 국회를 봉쇄했으며, 전라남도 광주를 비롯한 전국 주요 도시에 공수 부대를 투입시켰습니다. 광주의 희망이자 자존심이었던 김대중이 체포되었다는 소식은 광주 시민들을 거리로 내몰았고, 공수 부대원들의 무자비한 진압은 시위를 더욱 확산시켰습니다.

이에 피고는 공수 부대원을 보내 시위대에 총검을 휘두르고 발포하게 했습니다. 시위대는 더 버티지 못하고 무장했지만, 소총은 낡았고 다룰 줄 아는 사람도 많지 않았습니다. 피고는 신문과 방송에서 광주 시민들을 '폭도'라고 대대적으로 보도하게 하여 불순한 세력으로 만들어 버렸으며, 심지어 북한 간첩의 지령을 받은 것이라고도 했습니다. 시민들은 연일 시커먼 잉크로 뒤덮인 신문을 보면서 광주에서 무슨 일이 일어나고 있는지 알 수가 없었습니다. 광주로 통하는 길은 차단되었고 전화도 끊겼습니다. 고립된 광주에서 희생자는 늘어만 갔습니다.

광주 시민들이 시위를 시작한 지 열흘째 되던 5월 27일, 피고는 2만여 명 가까운 병력을 투입해 도청을 사수하고 있던 150여 명의 시위대를 진압했습니다. 수십 명의 사상자가 발생했는데도 공수 부대원들은 승리의 노래를 불렀습니다. 5·18 민주화 운동 당시 사망자 163명, 행방불명자 166명, 부상 뒤 사망자 101명, 부상자 3,139명으로 수많은 사상자가 발생했습니다. 피고는 3개월 뒤에 제 11대 대통령이 되었습니다.

희생된 사람들의 넋은 아직도 이 땅을 떠나지 못하고 있습니다. 망자들은 죽었어도 죽지 못했고 산 자들은 살아도 죽어 지내야만 했습니다. 이러한 한을 풀기 위해서 피고는 여생 동안 백담사에서 죽은 영혼들을 위해 기도하고 진정으로 사죄하는 글을 올려야 할 것이며, 국립묘지에 안장시키지 말 것을 청원하는 바입니다.

입증 자료

- 중학교 역사 교과서
- 고등학교 한국사 교과서
  그 외 자료 추후 제출하겠음.

위 청구인 광주 민주화 운동 희생자 연합회 대표 윤상원
역사공화국 한국사법정 귀중

신군부는 어떻게 국가 권력을 장악했을까?

1. 꽃피우지 못한 '서울의 봄'
2. 학생들의 시위와 서울역 회군
3. 비상계엄령의 전국적 확대

1

꽃피우지 못한
'서울의 봄'

5·18 민주화 운동 당시 희생된 영혼들이 연합회를 조직하여 전두
환 전 대통령을 상대로 소송을 제기했다는 소식에 다들 의아해했다.
그게 가능한 일이냐며 믿으려 하지 않는 사람들도 적지 않다. 하지
만 요 며칠 동안 인터넷에 '5·18 민주화 운동 영혼 재판'이라는 검색
어가 10위권에 오르는 등 관심들이 뜨겁다.

판사   오늘 5·18 민주화 운동 관련 첫 재판을 하겠습니다. 이전 역
사 재판과 달리, 5·18 당시 희생당한 영혼들이 조직한 광주 민주화
운동 희생자 연합회가 생존해 있는 전두환 피고를 상대로 소송을 제
기했습니다. 이번 재판에는 저승사자와 동행한 증인들이 있으니 놀
라지 마시기 바랍니다. 재판이 어떻게 전개될지 기대가 큽니다. 원

고 측 변호인은 소송 내용을 간략히 설명해 주세요.

명석한 변호사 제가 5·18 민주화 운동 원혼들의 억울함을 충분히 대변할 수 있을지 걱정이 앞섭니다. 최선을 다해 5·18 민주화 운동을 바로 알리고 피고가 엄정한 역사적 평가를 받도록 하겠습니다.

원혼
분하고 억울하게 죽은 사람의 넋을 가리키는 말입니다.

인간에게는 최소한의 염치라는 게 있습니다. 체면을 차릴 줄 알며 부끄러움을 아는 마음을 뜻하지요. 그런데 피고에게선 그러한 모습을 전혀 찾아볼 수 없습니다. 지난날의 잘못을 뉘우치기는커녕 전직 대통령으로서 모든 권한을 누리며, 29만 원밖에 없다면서 돈을 물 쓰듯 하고 여전히 큰소리치는 피고를 역사적으로 심판하고자 합니다.

판사 각오가 대단하군요. 피고 측 변호인, 변론하시기 바랍니다.

모호한 변호사 전직 대통령을 파렴치범으로 몰아붙이는 것은 잘못입니다. 피고는 민주화를 위해 나름 공헌했음을 말씀드립니다.

판사 피고가 민주화에 공헌했다는 얘기는 처음 듣는데요?

모호한 변호사 모르시는 말씀입니다. 우리나라 초대 대통령이었던 이승만은 12년, 박정희는 19년간 통치하여 두 분이 무려 31년 동안 권력을 독차지했습니다. 하지만 피고는 독재 권력을 영원히 추방하기 위해 임기를 7년으로 못 박았습니다. 그뿐만이 아닙니다. 1980년 5·18 민주화 운동 이후 실시된 제5공화국 헌법 국민 투표에서 전라남도 광주에서 90퍼센트의 높은 찬성표가 나왔습니다. 그만큼 피고를 지지한 것입니다. 이를 보면 대통령이 되기 위해서는 조금의 희생도 불가피하다고 생각됩니다. 그런데 팔순을 넘긴 피고를 '**원혼** 재판'

서울의 봄
1979년 10·26 사건 이후 1980년
5·17 비상계엄 전국 확대 조치 전
까지의 정치적 과도기를 일컫는 말
입니다.

프라하의 봄
1968년 체코슬로바키아의 지식
층이 중심이 되어 소련의 그늘
에서 벗어나 민주·자유화의 실
현을 위해 펼친 운동을 말합니
다. 그해 8월 소련군의 침공으로
자유화 운동은 저지되고 개혁파
주도자들은 숙청을 당하고 말았
습니다.

까지 치르면서 괴롭혀서야 되겠습니까?

명석한 변호사   좀 더 기다렸다가 염라대왕 앞에서 재판을 하려고 했는데, 하루라도 빨리 원혼들을 달래기 위해 소송을 제기하게 되었으니 불만이 없었으면 합니다.

피고 측 변호인이 국민 투표에서 전라남도 광주 시민들의 찬성표가 많았다고 했는데 이는 피고를 지지한 것이 절대 아닙니다. 피고의 악랄함을 직접 겪었기 때문에 또 무슨 일을 당할지 모른다는 두려움 때문이었습니다.

모호한 변호사   꿈보다 해몽이 좋네요. 숫자는 거짓말을 못합니다. 광주 시민들이 피고의 민주화에 대한 진정 어린 마음을 이해한 것입니다.

판사   두 분은 진정하시기 바랍니다. 과연 피고가 민주화를 위해 대통령이 되고자 했는지 하나하나 밝혀 보도록 하겠습니다. 오늘 재판은 5·18 민주화 운동 이전에 피고가 정권을 잡기 위해 벌였던 일부터 차근차근 밟아 나가겠습니다. 먼저 '서울의 봄'과 '12·12 사태'에 대해 양측 변호인의 변론을 들어 보도록 하겠습니다.

명석한 변호사   1979년 10월 26일, 박정희 대통령이 죽었는데 무슨 축제마냥 좋아하는 것은 예의는 아니겠지만, 19년여 동안의 독재가 끝나고 민주주의가 소생하게 되었다며 누군가 체코의 '프라하의 봄'을 빗대 '서울의 봄'이라 이름을 붙였습니다. 그런데 40여 일이 지나 피고 등 신군부가 12·12 사태를 일으키면서 '서울의 봄'은 꽃을 피우기도 전에 시들고 말았습니다.

판사   당시 '서울의 봄'이 왔다는 것은 어떻게 느꼈죠?

명석한 변호사   1972년 10월, 박정희는 영원한 독재를 꿈꾸고 유신 헌법에 따라 또다시 대통령이 된 뒤 자신을 비난하는 사람이나 단체를 탄압하고 옥에 가둬 수많은 사람들이 고통을 받아야 했습니다. 그런데 '서울이 봄'이 찾아와 죄 없이 옥에 갇힌 사람들이 석방되는가 하면 유신 헌법을 무너뜨리고 새롭게 민주적인 헌법을 만들려는 움직임이 일기도 했습니

유신 헌법
1972년 10월 17일의 비상조치에 의하여 단행된 대한민국 헌법의 제7차 개헌을 말합니다. 1980년 10월 22일 국민 투표에 의해 폐지되었지요.

참모 총장

육해공군의 각 군을 지휘하고 감독하는 최고 지휘관을 가리키는 말입니다.

연행

경찰관이 피의자를 체포하여 경찰서로 데리고 가는 일처럼 강제로 데리고 가는 것을 말합니다.

다. 전국 곳곳에서 민주화를 요구하는 시위가 벌어지기도 했지요.

판사 듣고 보니 '프라하의 봄'에 견줄 만하군요. 그런데 왜 '서울의 봄'은 꽃을 피우지 못하고 시들어 버렸나요?

명석한 변호사 모든 게 피고 때문이었습니다. 당시 피고는 보안 사령관 겸 합동 수사 본부장으로 박정희 대통령 저격 사건의 수사를 총지휘하고 있었는데, 그해 12월 12일 밤 돌연 자기 상관인 정승화 **참모 총장**을 체포했습니다.

판사 당시 피고는 중장 계급을 달고 있었는데 어떻게 자기보다 계급이 높은 대장을 마음대로 **연행**할 수 있나요?

명석한 변호사 피고가 참으로 어처구니없는 일을 저지른 것입니다. 그와 관련하여 당사자인 정승화 참모 총장을 증인으로 신청합니다.

정승화는 2002년 6월에 죽었지만, 광주 민주화 운동 희생자 연합회 고문 자격으로 염라대왕의 특별 조치로 법정에 나서게 되었다. 이날 정승화는 별 네 개 달린 참모 총장 예복을 입고 있었다. 작은 체구에 여전히 큰 안경을 쓴 그는 당당하게 나와 선서하였다.

교과서에는

▶전두환 소장을 비롯한 신군부는 군사 반란을 일으켜 실권을 장악하였습니다. 이를 12·12 사태라고 하지요.

정승화 저승에서 무료하던 차에 불러 주셔서 감사합니다. 역사공화국 재판을 보며 정의는 반드시 승리한다는 역사의 진리를 깨닫곤 합니다.

▶나는 육군 참모 총장이었는데, 12·12 사태 당시 피고

에 의해 직책을 박탈당했습니다.

명석한 변호사 　군에서 자기 직속상관을 체포하는 것은 절대 일어날 수 없는 일이 아닌가요? 그럼에도 불구하고 피고가 증인을 체포한 이유가 있었을 텐데요. 왜 그랬을까요?

정승화 　피고의 욕심이 컸기 때문에 일어난 일입니다. 대통령 저격 사건의 수사권을 쥔 피고는 기고만장했습니다. 피고는 예나 지금이나 으스대는 것을 좋아하고 군림하는 스타일이어서 다른 참모들과 부딪치곤 했습니다. 그래서 내가 몇 번 불러서 꾸짖기도 하고 주의를 줬지만 그때뿐이었지요.

명석한 변호사 　처음부터 그런 문제가 있었다면 바꾸면 되지 않았을까요?

정승화 　그 생각을 안 한 것은 아닙니다. 국방부 장관에게 넌지시 보안 사령관 교체를 건의했지요. 그런데 장관은 시기가 적절하지 않다며 받아들이지 않았습니다. 그때 교체했더라면 내가 더러운 꼴을 당하지 않았을 것이고 참혹한 광주 문제도 터지지 않았을 텐데 하는 아쉬움이 남습니다.

명석한 변호사 　증인이 못마땅하게 생각한다는 것을 피고가 알았나요?

정승화 　그렇다고 봐야 하지 않을까 합니다. 난 애초에 정치군인을 싫어했습니다. 그래서 대통령 저격 사건이 일어난 다음 날 국방부 장관 등 군 수뇌부들과 함께 「군의 정치 **불간여**」, 「민주주의 환원」 성명서를 발표했지요. 그런데 피고가 이와 관련한 언론 보도를 막았기 때문에 세상에 알려지지는 않았습니다.

> **불간여**
> 관계하여 참견하지 않는다는 의미로 '불간섭'과 비슷한 뜻입니다.

명석한 변호사   피고가 권력을 차지하고자 걸림돌이었던 증인을 제거하려 했던 것으로 생각되는데요, 이것이 조금 전에 "더러운 꼴을 당하지 않았을 것"이라던 말씀과 관련이 있습니까?

정승화   떠올리기 싫은 일인데…….

12월 12일 저녁 7시쯤, 대령 두 명과 헌병 대장이 참모 총장 공관으로 들어오더니, 다짜고짜 저격 사건과 관련하여 진술받을 게 있다며 가자는 것이었습니다. 이미 저격 사건의 범인인 김재규와는 관련 없다는 결론이 났고, 다음 날 재판에서 김재규의 최후 진술과 구형이 있을 것이기 때문에 더 이상 조사할 게 없었는데 말이죠.

명석한 변호사   증인을 연행하려면 대통령의 허락을 받아야 하지 않았습니까?

정승화   맞아요. 그래서 내가 국방부 장관에게 사실을 확인하려고 했는데, 나를 연행하러 왔던 자들이 내 부관들에게 총을 쏘는 바람에 그러지 못했습니다.

명석한 변호사   총에 맞아 죽은 사람이 있었습니까?

정승화   당시 총격전으로 두 명이 사망하고 두 명이 다쳤습니다. 나중에 알고 보니 대통령 허락도 받지 않고 피고가 날 강제로 연행했던 것입니다.

명석한 변호사   대통령의 허락도 없이 상관인 육군 참모 총장을 강제로 연행했다면 피고가 '군사 반란'을 일으켰다고 할 수 있겠군요. 증인은 연행된 뒤에 어떻게 되었습니까?

정승화   보안사로 끌려간 뒤 1980년 3월 군법 회의에서 징역 10년

을 선고받고 이등병으로 강등되는 치욕을 당했습니다. 3개월여 뒤에 몸만 겨우 풀려났지요. 그로부터 16년이 지난 1997년 7월에 무죄를 인정받아 '육군 대장' 계급과 '전 육군 참모 총장'의 직위를 다시 찾았습니다.

명석한 변호사　그렇다면 증인이 치욕을 당한 12·12 사태가 5·18 광주 문제의 시작이었다고 해도 되겠습니까?

정승화　피고는 어느 순간부터 자신이 대통령이 되겠다는 꿈을 키

보안사
'보안사령부'의 준말로, 군의 보안, 방첩 등에 관한 일을 주로 맡아보는 기관을 가리킵니다.

웠고, 이를 가로막는 자는 누구를 막론하고 제거하려고 했기 때문에 그렇다고 봐야 할 것입니다.

명석한 변호사 명예로운 군인으로 사시다가 큰 굴욕을 당하셨는데, 그에 대해 증언해 주셔서 감사합니다. 이승에서의 언짢았던 일을 모두 잊고 저승에서 평안을 누리시길 바랍니다. 이상입니다.

판사 군인 출신인 박정희는 군사 정변을 일으켰고, 피고는 군사 반란을 꾀했군요. 어딘가 닮은꼴로 보입니다. 피고 측 변호인, 증인 신문하시겠습니까?

모호한 변호사 아닙니다. 정승화 증인의 말만 듣고서는 사건의 진실을 알 수 없다고 생각합니다. 증인을 체포할 수밖에 없었던 전두환 대통령 각하를 모시고자 합니다.

판사 피고 측 변호인은 여기가 법정인 것을 잊고 계십니까? 어찌 무식하게 피고를 '대통령 각하'라고 부릅니까? 아무리 옆에서 모셨다 할지라도 지금은 피고일 뿐입니다. 피고라고 부르세요! 피고는 나와서 선서하십시오.

모호한 변호사 습관이 되어 그렇습니다. 주의하겠습니다.

전두환은 꼿꼿하게 앉아 조용히 눈을 감고 있다가 정승화를 흘깃 본 후 마지못해 일어나 걸어 나왔다.

모호한 변호사 피고에게 묻겠습니다. 박정희 대통령이 저격되고 곧바로 **비상계엄령**이 발포되어 육군 참모 총장 정승화가 계엄 사령관이 되었고 증인은 사건 수사를 맡게 되었죠? 피고는 왜 상관인 정승화 총장을 연행했습니까?

전두환   사건은 간단합니다. 나는 수사 책임자로서 사건과 조금이라도 연루된 혐의가 있는 누구든지 체포하여 수사할 권리가 있었습니다. 난들 참모 총장을 체포 조사한다는 게 쉬운 결정이었겠습니까? 이를 두고 '하극상'이다 '군사 반란'이다 하는데, 나는 국가와 국민을 위해 참모 총장을 연행하지 않을 수 없었습니다.

모호한 변호사   정승화 총장에게 무슨 혐의가 있었지요?

전두환   당시 김재규가 불러 정승화 총장이 사건 장소에 있었고, 대통령을 저격한 총소리가 났음에도 그를 의심하지도 않고 같이 육군 본부까지 동행했습니다. 이는 정승화 총장이 사건에 깊이 연루되었음을 말해 주는 것입니다.

명석한 변호사   판사님, 이의 있습니다. 이미 정승화 총장과 김재규 간에 아무런 관계가 없었다는 점이 명백하게 밝혀졌음에도 불구하고, 피고는 자신의 잘못을 감추기 위해 억지 주장을 하고 있습니다.

판사   인정합니다. 피고는 진실만을 말하기 바랍니다.

모호한 변호사   판사님, 그때는 사실 관계가 명확히 확인되지 않았던 만큼 피고가 정승화 총장을 조사하기 위해 연행한 것은 아무런 문제가 없었다고 생각됩니다. 대통령으로부터 허락을 받았는지가 더 중요하다고 생각합니다. 당시 대통령은 이를 허락하였습니까?

전두환   에…… 뭐…… 사전에 대통령으로부터 허락을 받은 것은

비상계엄령
전시나 사변 또는 이에 준하는 국가 비상사태가 발생하여 사회 질서가 극도로 교란되어 행정 및 사법 기능의 수행이 곤란할 때 대통령이 선포하는 계엄입니다. 선포와 동시에 계엄 사령관은 계엄 지역 안의 모든 행정 사무와 사법 사무를 맡아서 관리합니다.

하극상
계급이나 신분이 낮은 사람이 예의나 규율을 무시하고 윗사람을 꺾고 오르는 것을 가리키는 말입니다.

아닙니다. 하지만 정승화 총장을 연행한 뒤에 대통령께서 흔쾌히 인
정하셨습니다. 본인의 명예를 걸고 말씀드리는데, 정승화 총장을 연
행한 것은 저격 사건의 수사 중에 발생한 우발적인 사건일 뿐입니다.
대통령을 꿈꾸었다고 하는데 난 아무 생각 없었어요. 믿어 주세요.

모호한 변호사　　판사님! 정승화 참모 총장을 연행한 것을 두고 사람
들이 '12·12 군사 반란'이라고 하지만, 피고는 합동 수사 본부장으
로서 자신의 임무를 충실히 이행하고자 했다는 점을 분명히 말씀드

럽니다. 이상입니다.

판사　믿어 달라고 하면 믿어 줘야 하는 것인지 모르겠네요. 원고 측 변호인, 신문하시겠습니까?

명석한 변호사　네. 정승화 참모 총장을 연행할 명백한 이유가 있었다면 꿀릴 것 없이 당당하게 최규하 대통령의 허락을 받아 내면 되었을 것입니다. 그런데 피고는 다른 속셈이 있었기 때문에 자기 마음대로, 그것도 밤에 몰래 그를 잡아간 것이 아닙니까?

전두환　나는 그것에 대해서 더 이상 할 말이 없습니다. 다만 저격 사건에 대한 수사권은 대통령의 사전 결재를 받지 않아도 되는 것이었습니다. 다들 하극상이다 군사 반란이다 하는데 당치도 않아요. 당시 정승화 참모 총장은 유력한 용의자였기 때문에 반드시 수사를 해야만 했습니다.

명석한 변호사　피고는 똑같은 말만 되풀이하고 있는데, 당시 박정희 대통령에 비판적이었던 정승화 장군이 참모 총장에 임명되자 피고는 불만스러워했고, 더욱이 피고 자신을 내치려 한다는 소문을 듣고 그를 체포했던 것이 아닙니까?

전두환　할 말 없습니다.

명석한 변호사　좋습니다. 피고는 정승화 참모 총장을 연행했을 뿐만 아니라 **하나회** 출신들이 책임자로 있던 공수 부대, 9사단, 30사단의 군인들과 제2기갑 **여단**의 탱크와 장갑차를 동원하여 중앙청과 청와대 입구에 배치하고 국방부와 육군 본부를 장악했지요?

하나회
1963년에 전두환, 노태우, 정호용, 김복동 등 대한민국 육군 사관학교 11기생들의 주도로 비밀리에 결성된 조직입니다.

여단
군대 편성 단위의 하나입니다. 보통 2개 연대로 이루어지며 사단보다 규모가 작지요.

12·12 사태 당시 중앙청 앞에 배치된 탱크와 착검한 군인

쿠데타
무력으로 정권을 빼앗는 일을 가리킵니다.

전두환　당시 계엄령이 내려진 상황이었기 때문에 병력을 배치했을 뿐입니다. 12·12와는 전혀 상관없는 일이었습니다.

명석한 변호사　어찌 상관없습니까? 피고는 하나회 출신들과 손을 잡고 권력을 자기 손아귀에 넣기 위해 정승화 참모 총장을 연행하고, 이에 다른 장군들이 반발할 것을 우려하여 휴전선을 지켜야 하는 군인들까지 서울로 불러들인 것이 아닙니까?

전두환　내가 뭐 쿠데타라도 벌인 것처럼 얘기를 하는데, 공교롭게도 같은 날 벌어진 일일 뿐입니다. 사전에 준비된 병력 출동 계획도 없는 **쿠데타**가 어디 있습니까? 나는 당시 정치에 관심을 두지 않았습니다. 예전에 박정희 대통령으로부터 정치 입문을 권유받은 적이 있지만 매번 사양했습니다.

명석한 변호사　피고가 미꾸라지처럼 빠져나가려고 하는데 역사는 속일 수 없습니다. 이후 피고는 군을 완전히 장악했습니다. 대대적인 군 인사를 단행하여 자기 육사 동기인 노태우는 수도 경비 사령관에, 정호용은 특전 사령관에 임명했고, 선배인 이희성을 참모 총장에 앉혔습니다. 공교롭게도 이들은 모두 5·18 민주화 운동을 탄압하는 데 앞장섰던 인물들입니다. 쿠데타는 아니었지만 별반 다를 게 없었던 것입니다. 이상입니다.

학생들의 시위와 서울역 회군

판사　피고가 12·12에 대해 우연한 사건이었다고 하지만, 사전에 군을 장악하려는 계획적인 군사 반란이었던 게 분명해 보입니다. 그런데 정권을 잡으려 했으면 쿠데타를 일으키면 되었을 텐데 왜 그렇게 하지 않은 걸까요?

명석한 변호사　피고는 박정희가 권력을 장악해 가는 과정을 철저히 분석했지만 쿠데타와 같은 급진적인 방식은 따르지 않았습니다. 자칫 잘못하면 모든 것이 수포로 돌아갈 수 있었기 때문에 조심스럽게 움직였습니다. 국민들은 바보가 아니었거든요. 쿠데타는 한 번으로 족했던 것입니다.

판사　그럼 피고는 어떤 방식으로 정권을 잡으려 했습니까?

명석한 변호사　12·12 사태를 꾀한 피고 등 신군부는 정권 탈취에

전결 사항

결정권자 마음대로 결정하고 처리할 수 있는 사항을 말합니다.

자신감을 가지고 1980년 3월부터 'K-공작'을 추진해 나갑니다.

판사   'K'는 무슨 뜻이죠?

명석한 변호사   'K'는 왕을 뜻하는 'king'의 첫 글자를 따서 만든 암호였습니다. 'K-공작'은 피고를 대통령으로 만들기 위한 작전이었던 것입니다. 피고가 가장 먼저 벌인 공작은 언론을 길들이는 것이었습니다. 자신이 근무하던 보안 사령부 내에 언론 대책반을 신설하여 모든 언론 보도를 검열하고 언론인을 포섭하여 자신을 국민들에게 알리는 데 열을 올렸습니다.

모호한 변호사   판사님, 이의 있습니다. 보안 사령부에 언론 대책반을 구성하고 언론을 검열한 것은 정보처장이었지 피고가 아니었습니다. 또한 이러한 일들은 비상계엄이 발동되면 으레 시행되는 업무 중의 하나였습니다. 원고 측 변호인이 피고가 적극적으로 이를 주도했다고 한 것은 사실과 다르다는 점을 말씀드립니다.

명석한 변호사   아니, 보안 사령부 안에서 일어난 일을 사령관이 모른다는 게 말이 됩니까?

모호한 변호사   당시 피고는 너무 바빠서 그런 소소한 일까지 챙기지 못했습니다. 그리고 그와 관련된 사항은 정보처장의 전결 사항이었기 때문에 피고까지 보고되지 않았습니다.

명석한 변호사   판사님! 피고 측 변호인은 억측 주장을 하고 있습니다. 당시 보안사에서 작성한 'K-공작' 문서 사본을 증거 자료로 제출합니다. 이 자료에 따르면 피고가 정보처장의 보고를 받아 1980년 3

월 결재하여 3월 24일부터 시행되었습니다. 5·18 민주화 운동 당시에도 이를 근거로 언론 보도를 통제했습니다. 그뿐만 아니라 피고는 당시 수집된 정보를 토대로 그해 11월 '언론계 구조 개선'이라는 명목하에 신문사, 방송사, 통신사 등 국내 언론 기관을 강제로 통폐합시켰습니다.

판사 피고 등 신군부가 언론을 통제하여 국민들의 눈과 귀를 막고 권력을 쥐려고 했던 게 명백하군요.

명석한 변호사 그뿐이 아닙니다. 중앙정보부장이었던 이희성을 육군 참모 총장에 앉히고는 피고 자신이 중앙정보부장이 되었습니다.

판사 그건 어떤 의미가 있나요?

명석한 변호사 중앙정보부는 '나는 새도 떨어뜨린다'고 할 정도로 매우 막강한 조직이었고, 중앙정보부장은 우리나라에서 거의 2인자 내지 3인자의 권력을 가졌습니다. 그런데 보안사령관인 피고가 중앙정보부장까지 꿰차면 무소불위의 권력을 휘두를 수 있게 되는 것입니다. 이게 전부가 아닙니다. 중앙정보부장은 부총리급 국무 위원으로, 대통령이 주재하는 회의에 참석하여 자신의 뜻을 관철시킬 수 있었습니다. 국무 회의에서 다른 장관들이 감히 발언하지 못할 정도였다고 합니다. 이렇게 되다 보니 군 서열에서 참모 총장 밑에 있던 피고가 국방부 장관 위에 군림하는 꼴이 되고 말았습니다. ▶군 서열이 뭉개졌을 뿐만 아니라 정부 조직도 엉망이 되었지요.

언론 기관 통폐합
신군부의 언론 기관 통폐합으로 중앙지 신문은 7개에서 6개로, 지방지 신문도 14개에서 10개로 줄게 됩니다. 합동통신과 동양통신이 해체, 통합되어 연합통신이 되었고, 특히 KBS가 민영 방송인 동양방송, 동아방송, 전일방송, 서해방송과 한국FM을 강제 합병합니다. 기독교방송은 종교 방송만 할 수 있게 되었으며 이후 방송국은 KBS, MBC 계열국, CBS, 극동방송, 아세아방송 등 26개로 축소되었습니다. 정치권력으로 언론 기관을 통제하는 정책은 노태우 정권이 출현할 때까지 계속되었습니다.

무소불위
하지 못하는 일이 없음을 뜻합니다.

교과서에는

▶ 지휘 계통을 무시하고 정치적 실권을 장악하기에 이릅니다.

모호한 변호사　판사님! 피고를 아주 몹쓸 사람으로 매도하고 있는데 그렇지 않다는 점을 말씀드립니다. 물론 당시 양대 정보 기구를 장악하여 정치 발전에 차질을 초래할 것이라는 우려도 있었지만, 피고는 중앙정보부를 국가 안보와 더불어 국민의 여망에 부응하는 참신하고 헌신적인 기구로 발전시키고자 무척 노력했다는 점을 인정해야 합니다.

판사　글쎄요, 피고가 매우 주도면밀하게 권력을 독차지해 갔다는 생각밖에 안 드는군요. 안타깝게도, 피고가 고삐 풀린 망아지처럼 날뛰는데 대통령이란 사람이 아무런 힘을 쓰지 못했군요. 대통령을 잘 뽑아야 하는 이유가 여기에 있는 듯합니다.

　　그런데 법률상 중앙정보부장 자리는 겸직할 수 없도록 되어 있는데 보안 사령관이었던 피고가 어떻게 그 자리에 오를 수 있었지요?

명석한 변호사　맞습니다. 피고가 중앙정보부장이 되려면 보안 사령관직을 그만뒀어야 합니다. 그러나 이를 포기할 생각이 전혀 없었기 때문에 피고는 꼼수를 부려 '서리' 꼬리표를 달았습니다. 빈자리였던 중앙정보부의 직무를 대리한다는 의미였지만 눈 가리고 아웅하기였지요.

판사　피고에게 그런 머리가 있는 줄 몰랐습니다. 그런데 궁금한 점이 있어요. 여러 조직을 거느리려면 막대한 자금이 필요했을 텐데, 피고가 그렇게 돈이 많았나요?

명석한 변호사　중앙정보부는 대북한 정보 수집, 간첩 색출(방첩), 기타 국내외 정보 수집, 국가 주요 기관의 보안 감찰 업무 등을 담당

했는데, 이에 얼마만큼의 돈이 들어갔는지를 어느 누구도 모를 정도로 막대한 돈을 주물렀습니다. 중앙정보부의 예산은 눈먼 돈이나 마찬가지였기 때문에 피고 마음대로 자금을 사용하곤 했습니다.

판사 듣다 보니 '전두환 대통령 만들기' 프로젝트가 매우 치밀하고 계획적으로 진행됐음을 알겠습니다. 놀라울 따름입니다. 그런데 당시 시대 양심을 대변했던 대학생들의 반응이 어떠했을지 궁금한데요, 이에 대해 설명해 주시겠습니까?

명석한 변호사 물론입니다. 피고가 중앙정보부장 서리가 된 뒤

10월 유신

1972년 10월 17일에 박정희 대통령의 특별 선언으로 유신 헌법이 공포되고 제4공화국이 등장한 일. 이로 인하여 대통령의 권한이 강화되었습니다.

▶1980년 5월 초부터 민주화를 요구하는 대학생들의 시위가 또다시 불붙기 시작했고, '전두환 물러가라'는 구호가 등장했습니다. 피고에 의해 또다시 군사 정권이 만들어질지 모른다는 불안감에 사로잡혔지요.

판사   내가 대학을 다녔던 1970년대가 떠오릅니다. 당시 박정희 정권이 1972년 10월 장기 집권을 목적으로 '10월 유신'을 선포하고, 이에 반대하는 학생들의 시위를 차단하기 위해 수많은 긴급 조치를 발동하고 휴교령을 내려 학생들의 학교 출입을 원천 봉쇄하곤 했습니다. 참 암울한 시기였지요.

모호한 변호사   판사님, 10월 유신 얘기가 나왔으니 하는 말인데요, 박정희 대통령이 자기 권력을 위해 그랬겠습니까? 우리나라를 잘살게 하기 위해, 어떻게든 잘살아 보자고 그랬던 것이 아닙니까? 그렇게 하자면 독재도 필요하고 이를 거부하는 사람을 억누를 수도 있는 거죠. 그래서 ▶▶새마을운동을 벌여 농촌을 완전히 탈바꿈시켰고 100억 달러 수출도 달성했지 않습니까? 학생들의 민주화 운동은 오히려 당시 경제 발전을 저해하는 일이었을 뿐입니다.

판사   내가 괜히 10월 유신 얘기를 꺼내는 바람에 재판과 관련 없는 내용이 오갔네요. 원고 측 변호인, 계속해 주시기 바랍니다.

명석한 변호사   시간이 흐를수록 학생들의 시위는 과감해졌습니다. 교내에서 시위하던 학생들은 5월 13일부터

교과서에는

▶ 1980년 봄 대학생들을 중심으로 유신 철폐와 신군부 퇴진을 요구하는 대대적인 민주화 운동을 전개하였습니다.

▶▶ 중화학 공업의 육성과 함께 정부는 농촌의 근대화와 생활 향상을 위해 새마을 운동을 추진하였습니다.

교문을 나서 길거리에서 시위하기 시작했고, '계엄 해제', '전두환 퇴진' 등을 요구했습니다. 계엄령에 억눌려 있던 학생들의 민주화 요구가 다시금 거세지기 시작한 것입니다.

모호한 변호사 그것을 주절주절 얘기해야 합니까? 당시는 계엄령이 내려진 상황이었기 때문에 집회가 엄격히 금지되었습니다. 솔선하여 법을 지켜야 할 학생들이 교문을 나서 길거리에서 데모를 했다는 것은 명백히 법을 위반한 것입니다. 이유가 어떻든 나라가 위태로운 상황에서 분란을 일으킨 것은 용서받지 못할 행동이라 생각됩니다.

판사 두 변호인은 1980년대 비슷한 시기에 대학을 다닌 것으로 알고 있는데, 학생 운동에 대한 생각이 완전히 다르네요. 하지만 당시 학생들의 민주화에 대한 열정만큼은 인정해야 하지 않을까 합니다. 원고 측 변호인, 계속 말씀하시기 바랍니다.

명석한 변호사 이제부터가 본론입니다. 5월 14일 오전 10시부터 서울 지역 22개 대학 5만 2,000여 명의 학생들이 종로 광화문, 영등포역 광장 등에서 격렬한 시위를 벌였습니다. 시위는 밤까지 이어져 7개 대학생들이 철야 시위와 **횃불 데모**를 벌이기도 했지요. 물론 서울뿐만 아니라 부산, 대구, 경주, 광주, 전주, 대전 등 지방 10개 도시에서도 가두시위가 전개되었습니다.

5월 15일에는 학생 시위가 절정에 달했습니다. 서울과 지방의 35개 대학생 10여만 명이 서울역에 모여 "전두환은 퇴진하라!", "비상계엄령 해제하라!", "이원 집정부제 철회하라!" 등의 구호를 목이 터져

데모
많은 사람이 공공연하게 의사를 표시하여 집회나 행진을 하며 위력을 나타내는 일로 '시위'와 바꿔 쓸 수 있습니다.

순방

나라나 도시 따위를 차례로 돌아
가며 방문하는 것을 뜻하지요.

라 외쳐 댔습니다. 시민들까지 가세해 서울역 광장은 물론 인근의 차도와 인도, 고가 도로까지 사람들로 넘쳐 났습니다. 18년간 군부 독재 아래 억눌려 왔던 민중의 민주화 열망이 다시금 폭발한 겁니다.

판사　서울역 앞 가두시위로 인해 교통이 완전히 마비되어 시민들의 불편이 이만저만이 아니었을 텐데요. 시민들의 반응은 어떠했습니까?

명석한 변호사　오가던 차들이 완전히 막혀 불편했겠지만, 시민들은 오히려 학생들에게 박수를 쳐 주고 물을 떠다 주는가 하면 시위에 동참하기도 했습니다. 당시 국민들은 이제 독재 정치를 끝내고 민주 정치를 실현시켜야 한다는 염원이 컸던 것입니다.

판사　피고를 비롯한 신군부로서도 매우 당혹스러웠을 것 같은데요, 그렇다고 학생들의 시위를 인정하지는 않았을 테고. 어떻게 대처했습니까?

명석한 변호사　국무총리는 북한이 가만히 보고만 있지 않을 것이라고 공갈치면서 어르고 달래는 호소문을 발표했고, 당시 중동 **순방** 중이던 최규하 대통령도 급히 귀국했습니다. 하지만 누구보다도 피고가 당황했을 것입니다. 순조롭게 권력을 차지하겠다 여겼는데 난데없이 대학생과 시민들이 자신더러 물러나라고 요구했으니까요.

10여만 명의 시위 군중이 모여든 서울역 광장(1980년 5월 15일)

판사　나라가 혼란스러운데 어떻게

대통령이 한가롭게 해외 순방을 간 겁니까?

모호한 변호사   그것은 제가 답변드리겠습니다. 어떤 사람들은 대
통령의 중동 순방이 피고가 주도한 것이 아니냐는 곱지 않은 시선을
보내기도 하는데 그건 오해입니다. 당시는 석유 파동으로 인해 자원
을 확보하지 않으면 경제에 큰 타격을 받게 될 처지였습니다. 더욱
이 중동 순방은 이미 박정희 대통령 당시 계획된 것으로, 10·26 사
건으로 미뤄졌던 것인데 더 이상 연기할 수 없어 부득이 대통령이

투석전
돌을 던지면서 하는 싸움을 가
리키는 말입니다.

직접 나가게 된 것입니다.

판사　오랜만에 피고 측 변호인이 명쾌한 답변을 해 주셨네요.

서울역에 엄청난 시위 군중이 모여들었다면 경찰과 충돌이 없을 수 없었을 텐데요. 피고 측 변호인이 말씀해 주시겠습니까?

모호한 변호사　서울역 집회는 그야말로 무법 천지였습니다. 당시 숭례문 근처에서 청와대로 진출하려는 학생들과 경찰들 간에 치열한 **투석전**이 벌어졌습니다. 시위는 밤늦게까지 이어져 수백 명이 연행되고 부상자가 속출했습니다. 이 과정에서 경찰차 세 대가 불탔고 진압하던 경찰이 시위 차량에 즉사하는 불상사가 발생했습니다. 이러한 학생들의 과격한 시위를 무조건 민주화에 대한 열정으로 받아들일 수는 없는 일입니다.

판사　원고 측 변호인에게 묻겠습니다. 차량을 방화하고 심지어 경찰관이 순직했다니 학생들의 시위가 과격한 면이 있었다는 생각이 드는데, 당시 학생들 입장은 어떠했습니까?

명석한 변호사　그날 밤늦게 총학생회장단 회의가 열렸지만 쉽게 의견이 모아지지 않았습니다. 지금 청와대로 밀어붙여야 한다, 준비가 아직 안 됐으니 여의도로 가서 국회를 압박하자는 등 의견이 분분했습니다. 하지만 학생과 경찰 간에 불상사가 커질 것이라는 판단에 따라 일단 돌아가 민주 세력과 같이 투쟁하자는 쪽으로 결정되어 이른바 '서울역 회군'이 전격적으로 이뤄졌습니다. 이성계는 위화도 회군을 통해 조선을 건국했지만, 당시 학생들은 서울역 회군을 통해 아무런 명분을 얻지 못한 채 무위로 끝나고 말았지요.

모호한 변호사　원고 측 변호인은 '서울역 회군'에 대해 매우 아쉬워하는데, 그건 탁월한 선택이었습니다. 사실 학생들의 시위가 시민들의 호응을 얻기도 했지만, 계획적으로 움직인 것이 아니라 단지 열정만 가지고 있었던 것이 아닙니까. 만약 서울역 시위가 계속되었으면 광주가 아니라 서울에서 큰 사건이 터졌을 것입니다.

판사　큰 사건이 터졌을 것이라고요? 매우 당혹스런 얘긴데요. 좀 더 자세히 말씀해 주시겠습니까?

모호한 변호사　내가 이 자리에서 얘기해도 되는지 모르겠지만, 당시 내무장관이 경찰 병력으로는 학생들의 시위를 막을 수 없다며 계엄 사령관에게 군 출동을 요청했습니다. 이희성 계엄 사령관은 정호용 특전 사령관에게 특전사 6개 여단을 소요 사태 진압에 투입할 수 있게 준비하라고 지시했고, 20사단 3개 연대가 잠실 종합 운동장과 효창운동장에 출동해 있는 상황이었습니다. 만약 학생들이 '서울역 회군'을 하지 않았으면 큰 희생을 치를 수도 있었던 것입니다.

판사　듣고 보니 학생들이 '서울역 회군'을 결정한 것은 잘한 일 같군요.

명석한 변호사　글쎄요. 제 생각으로는, 서울역 회군을 하지 않고 계속해서 '전두환 퇴진'을 외쳤다면 시위대와 군인들 간의 충돌은 불가피했을지 모르지만, 광주처럼 도시를 봉쇄하고 무자비하게 탄압하는 일은 없었을 것입니다. 서울 전체를 통제하는 것은 불가능했을 테니까요.

3

비상계엄령의
전국적 확대

판사　원고 측 얘기를 들으니 그 말도 맞는 것 같습니다. 여하튼 학생들이 스스로 서울역에서 해산했으니 피고는 한시름 놓았겠습니다.

모호한 변호사　웬걸요. 학생들이 서울역에서 물러났다고 끝난 것이 아니었습니다. 여하간 학생들이 문제였습니다. 전국 59개 대학 총학생회장들은 5월 22일까지 비상계엄 해제, 정치 일정 공개, 모든 양심수 즉각 석방 등을 요구하면서, 이것이 관철되지 않으면 전국적으로 시위를 전개하겠다고 으름장을 놓았습니다.

판사　피고가 군대를 동원해 시위를 진압하려고 했음에도 불구하고 학생들이 물러서지 않았다니, 민주화 열망이 얼마큼 컸는지 짐작이 됩니다. 그렇더라도 대통령을 꿈꾸던 피고가 이런 일에 눈 하나

깜짝하지 않았을 것 같은데요.

명석한 변호사　당시 피고로선 학생들의 시위도 부담이었지만, 3김이라 불렸던 김대중, 김영삼, 김종필의 움직임도 심상치 않았고, 국회 의원들의 반발도 만만치 않았습니다. 모두들 계엄을 해제하고 유신 헌법을 대신할 새로운 헌법을 만들려고 했기 때문에, 피고의 꿈이 한순간에 날아갈 수도 있는 상황이었어요.

모호한 변호사　말 나온 김에 한마디 하겠습니다. 당시 유신 헌법이 중단된 상황에서 피고뿐만 아니고 3김도 대권을 꿈꾸었습니다. 그럼에도 피고만 잘못했다고 몰아붙이는 건 잘못된 것 아닙니까?

명석한 변호사　피고가 대권을 잡고자 한 것을 지적한 것이 아닙니다. 군대를 앞세우지 말고 당당히 군복을 벗고, 민주적 절차에 따라 헌법을 고치고, 민간인으로서 공정하게 다른 사람들과 경쟁하면 되었던 것입니다. 피고가 그렇게 하지 않았기 때문에 비난받는 것입니다.

모호한 변호사　무슨 말씀입니까? 우리나라 헌법에 40세 이상의 대한민국 국민은 누구나 대통령이 될 수 있다고 되어 있습니다. 군인이 정치를 하면 어떻습니까? 당시에는 대권을 차지하기 위해 각자 나름의 방법으로 세력을 넓히고 있었습니다. 다만 피고는 군인이었기 때문에 자신과 친한 선배, 동료, 후배 군인들의 도움을 받았을 뿐입니다.

명석한 변호사　피고 측 변호인의 주장은 한편으로는 맞지만 옳지 못합니다. 군인의 제일의 본분은 적으로부터 국민을 보호하는 것입니다. 그래서 국민들에게서 거둬들인 막대한 세금을 국방비로 지출

하는 것이 아닙니까. 그런데 막강한 병력과 무기를 앞세워 권력을 잡는다면 나라 꼴이 어떻게 되겠습니까? 무신이 집권한 고려 말에 정치적 혼란으로 백성들이 큰 고통을 당했던 역사적인 교훈을 잊어서는 안 될 것입니다.

판사 두 변호인께서는 지금 〈100분 토론〉에 나오신 게 아닙니다. 중요한 것은, 피고는 군복을 벗지 않았고 대권의 꿈도 포기하지 않았다는 점입니다. 여기서 피고가 이 상황을 어떻게 풀어 갔는지를 살폈으면 합니다. 어느 분이 먼저 변론하시겠습니까?

명석한 변호사 판사님, 아무래도 피고를 불러 사실 관계를 분명히 할 필요가 있을 듯합니다.

모호한 변호사 판사님, 그래도 전직 대통령을 지낸 분인데 몇 번씩 나와라 들어가라 하는 것은 무례라 생각합니다.

판사 피고 측 변호인의 이의를 기각합니다. 당사자인 피고의 증언이 필요하다고 인정됩니다. 피고는 나와 주세요.

피고는 '왜 나만 갖고 그래?' 하는 눈빛이다. 마지못해 천천히 나와서 증인석에 앉았다.

명석한 변호사 피고가 똑똑한 것인지 아니면 참모들이 잘났는지, 궁지에 몰리자 기발한 히든카드를 꺼내 들었습니다. 소위 집권 시나리오인데요, 먼저 계엄령을 전국으로 확대시키고 국회를 해산하며 비상 기구를 설치한다는 내용이었습니다. 피고, 맞습니까?

왜 5·18 민주화 운동이 일어났을까?

전두환 할 말 없습니다.

모호한 변호사 원고 측 변호인은 호들갑 좀 그만 떠세요. 단호히 얘기하지만, '시국 수습 방안'은 집권 시나리오가 아니라 피고의 부하가 국내외 정보를 수집, 분석하여 나라의 혼란을 가라앉히기 위해 작성한 문건에 불과합니다.

명석한 변호사 피고 측 변호인은 뻔한 거짓말을 하십니까? 제가 재판 전에 당시 문건을 작성한 보안 사령부 정보처장을 만났습니다. 그에 따르면, '시국 수습 방안'을 완성한 뒤에 5월 12일 피고에게 보고하자, 김재규의 대법원 재판이 끝나는 1980년 5월 20일 이후 이를 실행에 옮기도록 했다고 합니다. 그런데 대학생들 시위가 전국으로 확대되려 하고 국회에서 계엄을 해제하려고 하자, 갑자기 시일을 앞당겨 대통령이 귀국하는 5월 17일에 결행하기로 했다고 했습니다.

전두환 그에 관해 한마디 하겠습니다. 원고 측 변호인이 만났다고 하는 정보처장은 내 부하였습니다. 그런데 **양심선언**을 한답시고 당시 일을 미주알고주알 일러바치고 면죄부를 받았습니다. 어찌 그런 배신자의 말을 믿습니까?

판사 피고 측 변호인, 말씀이 심하십니다. 지난날의 잘못을 뉘우치고 역사를 바로 세우기 위해 양심에 따라 행동한 것을 배신자라고 해선 안 되지요. 양심선언은 법적으로 보호받아야 합니다. 원고 측 변호인, 계속 변론하세요.

명석한 변호사 정보처장과의 면담 내용을 녹취한 것을 증거 자료

양심선언
감추어진 비리나 부정을 양심에 따라 사회적으로 드러내어 알리는 일로 대개 권력 기관이 저지른 비리나 부정을 사회적으로 폭로하는 선언을 말합니다.

전군 주요 지휘관 회의
국방부 장관 주재하에 육해공군 참모 총장들과 해병대 사령관, 육군 각 군단장·사령관·사단장과 해군·공군 각 사령관, 수도 경비 사령관 등 군의 주요 지휘관들을 대상으로 1년에 두 번에 걸쳐 국방 주요 현안들을 점검하고, 공감대를 형성하기 위해 실시하는 회의입니다.

로 제출하겠습니다.

판사　알겠습니다.

명석한 변호사　피고는 보기와 달리 아주 치밀한 사람이었더군요. 피고는 대통령이 귀국한 다음 날인 5월 17일 오전에 **전군 주요 지휘관 회의**에서 자신의 시국 수습 방안을 지지하게 한 뒤 이를 국무 회의 의결을 거쳐 시행하고자 했죠? 이는 피고가 정당한 절차를 밟아 정권을 잡았다고 보여 주기 위한 것이 아니었습니까?

전두환　전군 주요 지휘관 회의에서 뭘 기대했던 것은 아닙니다. 단지 전군의 지휘관들이 나를 지지한다는 것을 보여 주면 되었지요. 내 뜻대로 누구나 찬성한 건 아니지만, 계엄령을 전국으로 확대해야 한다는 의견을 모아 모양새는 갖출 수 있었지요.

명석한 변호사　이제 얘기가 좀 되네요. 그런데 피고는 전군 주요 지휘관 회의에 참석하지 않고 대통령을 만나러 갔다고 하던데요. 맞습니까?

전두환　중요한 사항인 만큼 충정 어린 마음에서 시국을 풀어 나갈 해법을 제시하고자 한 것입니다.

명석한 변호사　해법이라는 게 시국 수습 방안을 말씀하시는 것입니까?

전두환　그렇습니다. 당시 어지러운 국내 상황을 가라앉히기 위해서는 시국 수습 방안만큼 좋은 대책이 없었어요. 당시 어느 누구도 북한의 움직임에 관심을 두지 않았어요. 북한이 호시탐탐 남한을 공산화하려고 했는데 말이죠.

명석한 변호사   대통령이 시국 수습 방안을 받아들였습니까?

전두환   아닙니다. 대통령은 군의 명예를 위해서도 헌정을 중단하는 사태가 되풀이되어서는 안 된다며, 비상계엄 전국 확대 외에는 반대하셨습니다.

명석한 변호사   피고는 왜 굳이 계엄령을 전국으로 확대하고자 했습니까? 이미 계엄령이 내려진 상황이었는데 말입니다.

전두환   당시 계엄령은 '물계엄', '종이호랑이'로 불릴 정도였어요. 북한군의 남한 침투 움직임이 분명한데도 이를 안이하게 여기는 사회 분위기를 쇄신할 필요가 있었습니다. 그래서 ▶전국 계엄을 선포하여 계엄 사령관에게 입법 · 사법 · 행정의 3권을 부여하여 시국을 수습해야겠다고 생각한 것입니다.

명석한 변호사   피고는 팬스레 북한을 들먹거리지 말고 좀 더 양심적으로 증언할 수 없습니까? 당시 북한 남침설은 이미 근거 없는 것으로 판명되었지 않습니까? 계엄령을 확대하여 피고가 국무총리와 국방부 장관을 거치지 않고 직접 내각을 통제, 조정하면서 정국을 주도하고자 한 것이 아닙니까? 피고는 5월 17일을 '시국 수습 방안' 시행의 **디데이**로 잡고, 시간이 촉박한 상황에서 지휘관 회의에서 의견을 하나로 모은 뒤 이를 무기 삼아 국무 회의를 열어 통과시키려 했지요?

전두환   딱히 할 말이 없습니다.

디데이
D-day로 어떤 계획을 실시할 예정일을 가리키는 말입니다.

교과서에는

▶ 서울의 시위대가 자진 해산했음에도 불구하고 신군부는 비상계엄을 전국으로 확대하였습니다.

명석한 변호사   좋습니다. 피고가 대답을 피해도 역사는 진실을 알고 있습니다. 그날 밤 계엄령 확대 문제를 결정하기 위해 9시 42분에 국무 회의가 열렸는데, 회의 장소였던 중앙청 정문에 탱크와 장갑차가 배치되었고, 현관에서 회의장까지 양쪽에 1미터 간격으로 착검한 군인들이 죽 늘어섰으며, 통신선까지 절단하여 외부와의 연락이 완전히 차단되었다고 하는데, 피고가 지시한 것입니까?

전두환   난 보안 사령관이었기 때문에 그렇듯 병력을 이동시킬 수

왜 5·18 민주화 운동이 일어났을까?

있는 권한이 없었어요. 계엄 사령관이 그렇게 하지 않았을까 생각합니다. 당시 학생들의 동향이 위험해서 국무 위원들을 보호하려고 병력이 동원되지 않았을까 합니다.

명석한 변호사 계엄 사령관이 피고와 노태우 전 대통령과 상의하여 무장 병력을 배치했다고 증언했는데 모르는 일이라 잡아떼십니까? 당시 생명의 위협까지 느꼈다고 하는 분들도 계신 것으로 봐서, 국무 위원들을 위압적으로 눌러 계엄 확대를 통과시키려 한 것으로 보이는데, 피고의 생각은 어떻습니까?

전두환 할 말이 없습니다. 마음대로 생각하십시오.

명석한 변호사 어느 국무 위원은 계엄 확대가 무엇을 뜻하는지도 몰랐다고 하는데, 개회 8분 만에 전격적으로 안이 통과되었습니다. 위압적인 분위기에서 어떤 반론도 없이 신속히 처리된 것입니다. 피고도 참석했을 텐데, 그때 상황을 말씀해 주시겠습니까?

전두환 내가 회의를 주관한 것도 아닌데 왜 나만 갖고 그래!

피고가 갑자기 일어나더니 버럭 화를 낸다. 오랫동안 증인석에 앉아 있어 힘들어서 그런 것인지, 아니면 자신의 치부를 감추기 위해 깜짝쇼를 한 것인지는 명확하지 않다.

모호한 변호사 판사님! 원고 측 변호인이 피고를 일방적으로 몰아붙이고 있습니다. 연세도 있으신데요. 잠깐 휴정을 신청합니다.

판사 30분 동안 휴정하겠습니다.

속개
잠시 중단된 회의 등을 다시 계
속하여 여는 것을 말합니다.

가택 연금
집 안에서 머물되 외부와의 접
촉을 하지 못하게 하는 일을 말
하지요.

부마 민주 항쟁
1979년 8월 YH 사건, 김영삼
총재의 국회의원직 박탈, 야당
국회 의원 전원 의원직 사퇴 등
으로 전국에서 대학생들의 민주
화 요구 시위가 확대되었고 부
산에서의 대규모 반정부 시위
는 마산, 창원 지역으로 확산됐
습니다. 이에 박정희는 부산에
계엄령을, 마산 및 창원에 위수
령을 선포하고 공수 부대를 투
입해 시위를 진압하고 민간인
120여 명을 군사 재판에 회부
했습니다. 결국 이 사건은 긴급
조치로 유지되던 유신 체제를
위기에 몰아넣었습니다.

오후 2시에 시작된 재판이 4시를 넘어가고 있었다. 휴게실로 가서 목을 축이며 재판에 대해 이러쿵저러쿵 얘기 나누는 동안 금방 30분이 지나갔다.

판사   재판을 속개하겠습니다. 무장한 군인들이 회의장까지 들어와 있었다면, 위압적인 분위기 속에서 회의가 진행되었을 것은 분명해 보입니다. 원고 측 변호인은 그 뒤 전개 상황에 대해 변론해 주세요.

명석한 변호사   계엄령 확대는 일종의 쿠데타였습니다. 5월 17일 밤 10시 40분경 국무 회의에서 계엄령 확대가 통과되자마자, 공포도 하기 전에 영장 없이 국민연합 공동 의장 김대중, 민주공화당 총재 김종필 등 정치인 26명을 연행하는가 하면 신민당 총재 김영삼을 가택 연금시켰습니다.

판사   아무 이유도 없이 정치인들을 연행하지는 않았을 텐데요.

명석한 변호사   김대중은 시위 배후 조종 혐의로 동교동 자택에서 연행했고, 김종필은 권력형 부정 축재 혐의로 붙잡아 갔습니다. 피고가 집권하는 데 걸림돌이 되는 정치인들을 제거한 것이지요.

판사   1979년 10월에 박정희 전 대통령이 김영삼 의원을 제명시켜 부마 민주 항쟁이 벌어졌다는 사실을 잊은 건가요?

명석한 변호사   아마 그 때문에 김영삼에 대해서는 가택 연금 처리한 것 같습니다.

판사　이해가 안 되는군요. 김대중을 연행하면 광주 시민들이 가만있지 않을 것은 불을 보듯 뻔한데 그랬다는 말입니까?

명석한 변호사　맞습니다. 여기서부터 광주의 비극이 시작됩니다. 피고는 계엄령을 확대하여 여러 문제를 한꺼번에 해결하고 자신이 집권하려는 욕심이 앞섰던 것이지요.

판사　계엄령 확대는 언제 공포되었습니까?

명석한 변호사　피고는 1980년 5월 18일 0시 40분 계엄 포고령 제10호를 공포한 뒤 수도 군단 예하 33사단 101연대를 투입하여 국회를 점거하고, 5월 20일 국회 의원들의 등원을 막아 임시 국회를 원천봉쇄했습니다.

판사　그랬군요. 헌법 기관인 국회를 봉쇄한다는 것은 헌정을 중단시키겠다는 의미인데, 피고가 왜 그랬습니까?

명석한 변호사　피고가 우려했던 일 가운데 하나가, 국회의 여야 의원들이 계엄령을 해제하고 유신 헌법 대신 새로운 헌법을 제정하는 것이었습니다. 이를 막지 못하면 그동안 자신이 준비해 온 것이 물거품이 될 수 있는 상황이었기에 국회를 봉쇄하려 한 것입니다.

판사　피고는 집권을 위해서는 무슨 일이든 저지를 사람이었군요.

　오늘 재판은 이것으로 마치겠습니다. 다음 재판은 2주 후 같은 장소에서 오후 2시에 열겠습니다.

　땅, 땅, 땅!

정치 활동을 금지한 비상계엄령의 확대

포고문

1. 1979년 10월 27일에 선포한 비상계엄이 계엄법 제8조 규정에 의하여 1980년 5월 17일 24시를 기하여 그 시행 지역을 대한민국 전 지역으로 변경함에 따라 현재 발효 중인 포고를 다음과 같이 변경한다.

2. 국가의 안전 보장과 공공의 안녕 질서를 유지하기 위하여

　가. 모든 정치 활동을 중지하며 정치 목적의 옥내·외 집회 및 시위를 일절 금한다. 정치 활동 목적이 아닌 옥내·외 집회는 신고를 하여야 한다. 단, 관혼상제와 의례적인 비정치적 순수 종교 행사의 경우는 예외로 하되 정치적 발언을 일절 불허한다.

　나. 언론 출판 보도 및 방송은 사전 검열을 받아야 한다.

　다. 각 대학(전문대학 포함)은 당분간 휴교 조치한다.

　라. 정당한 이유 없는 직장 이탈이나 태업 및 파업 행위를 일절 금한다.

　마. 유언비어의 날조 및 유포를 금한다. 유언비어가 아닐지라도 ① 전·현직 국가 원수를 모독 비방하는 행위 ② 북괴와 동일한 주장 및 용어를 사용하는 행위 ③ 공공 집회에서 목적 이외의 선동적 발언 및 질서를 문란시키는 행위는 일절 불허한다.

　바. 국민의 일상생활과 정상적 경제 활동의 자유는 보장한다.

　사. 외국인의 출입국과 국내 여행 등 활동의 자유는 최대한 보장한다.

본 포고를 위반한 자는 영장 없이 체포·구금·수색하며 엄중 처단한다.

1980년 5월 17일 계엄 사령관 육군 대장 이희성

다알지 기자

안녕하십니까? 역사공화국 법정 뉴스의 다알지 기자입니다. 저는 지금 한국사법정에 나와 있습니다. 지금 막 광주 민주화 운동 희생자 연합회에서 제기한 전두환 전 대통령에 대한 첫 재판이 끝났습니다. 윤상원이 연합회 대표 자격으로 환생하여 치른 재판인 만큼 모든 국민들의 관심을 모았는데요. 오늘 첫 재판에서는 5·18 민주화 운동이 벌어지기 전에 피고가 정권을 잡기 위해 어떠한 일들을 저질렀는지 하나하나 짚어 보았습니다. 그럼 원고와 피고 측 변호인들의 첫 재판 소감과 앞으로 어떻게 재판을 이끌 것인지 얘기를 들어 보도록 하겠습니다.

명석한 변호사

피고의 치밀함에 새삼 놀랐습니다. TV에서 볼 때 "29만 원밖에 없다", "내가 대신 가려고 했다", "땡전 뉴스", "왜 나만 갖고 그래" 등의 수많은 유행어를 만들어 내서 코미디언인 줄 알았는데, 나름 전략가였음을 오늘 알 수 있었습니다. 12·12 군사 반란, K-공작, 집권 시나리오, 계엄령 전국 확대 등의 과정을 통해 피고가 대통령에 얼마나 집착했으며 공을 들였는지 알게 되었고, 이런 자신의 길을 가로막는 어느 누구도 용납하지 않았다는 사실에 소름이 돋았습니다.

앞으로 두 번의 재판에서는 5·18 민주화 운동이 주된 내용일 텐데요, 피고가 얼마나 권력욕에 매달렸고 악랄했는지 모든 국민에게 다시금 알려 역사적인 심판을 받도록 할 것입니다.

왜 5·18 민주화 운동이 일어났을까?

모호한 변호사

　제가 대학 때부터 뵈었던 분이라 피고
를 잘 압니다. 당시 피고가 설립한 일해 재단
장학금을 받기도 했는데, 그렇게 돈이 없으신 분
인 줄 몰랐습니다. 그때 받았던 돈에 이자를 쳐서 되돌려 드려야 할 것
같습니다.

　오늘 재판은 피고가 어떤 분인지 다시금 깨닫게 된 좋은 기회였습니
다. 제가 생각하기로는 지금까지 대통령 가운데 최고의 전략가가 아니
었을까 평가하고 싶습니다. 대통령이 되려면 그렇게 치밀하고 비밀스
럽게, 그리고 조직적으로 빈틈없이 움직여야 한다는 것을 배웠습니다.

　'광주 사태'는 피고가 대통령이 되는 데 큰 장애물이었을 뿐입니다.
다들 민주화 운동이라고 하지만, 실은 광주 폭도들이 일으킨 폭동에
불과했던 만큼 이를 증명해 내는 데 최선을 다할 것입니다.

5·18 민주화 운동은
어떻게 전개되었을까?

1. 공수 부대 투입과 무자비한 시위대 탄압
2. 시위대의 목숨을 건 저항
3. 공수 부대의 발포와 시민군의 무장 항쟁

교과 연계

한국사
IX. 대한민국의 발전과 국제 정세의 변화
  2. 민주주의의 시련과 발전
    (5) 신군부에 맞선 5·18 민주화 운동

1

공수 부대 투입과
무자비한 시위대 탄압

판사   두 번째 재판을 시작하겠습니다. 첫 번째 재판에서는 피고
가 집권 시나리오에 따라 계엄령을 전국으로 확대하고 김대중 등 정
치인을 연행했으며 국회를 원천 봉쇄했다는 사실을 알게 되었습니
다. 오늘은 5·18 민주화 운동의 전개 과정을 중심으로 재판을 진행
하고자 합니다. 피고 측 변호인부터 변론하시겠습니까?

모호한 변호사   계엄령이 전국으로 확대되면서, 만약의 사태에 대
비하기 위해 5월 18일 0시를 기해서 전국 주요 대학에 **공수 부대가**
투입되었습니다. 광주에 공수 부대가 투입된 것을 두고 어떤 분들은
지역감정을 들춰내시는데, 그와는 상관없었다는 점을 분명히 말씀
드립니다.

명석한 변호사   문제는, 왜 공수 부대를 투입했느냐는 것입니다. 전

남대 학생들의 시위가 과격하지도 않았는데 군이 공수 부대를 투입할 필요가 있었는가 하는 점이지요.

모호한 변호사   설마 몰라서 하는 말은 아니겠지요? 광주 지역의 학생 시위는 다른 지역과 달리 거세고 지속적이었어요. 5월 13일 광주 지역 7개 대학 대표들이 '피의 투쟁'을 결의하고 강력한 대정부 투쟁을 선언했고, 다음 날에는 전남대 학생 2,000여 명이 '계엄령 해제하라', '전두환은 물러가라' 등의 구호를 외치며 가두시위를 벌였지요. 5월 15일에는 전남대·조선대·전문대 학생 7,000여 명이 도청 앞에서 시위했습니다. 더욱이 5월 16일에는 '서울역 회군'으로 서울 지역 학생들이 해산했음에도 광주에서는 3만여 명의 학생들이 도청 앞에서 시국 성토대회를 열고 가두시위를 했고 밤에는 고등학생들까지 합세해 횃불 시위를 벌였어요. 당시 1,000여 명의 경찰이 저지하기에는 역부족이었지요. 오죽했으며 전라남도 지역 31사단 병력까지 동원했겠습니까?

명석한 변호사   피고 측 변호인이야말로 당시 상황을 제대로 알고 말씀하시는 겁니까? 5월 16일은 박정희가 5·16 군사 정변을 일으킨 지 19년이 되는 날이어서 낮에 시국 성토대회를 열고 밤에는 횃불 시위를 벌였지만 경찰과 충돌은 없었습니다. 오히려 경

공수 부대
공수 착륙이나 공중 투하로써 전투 지역 또는 적 후방에 투입하여 작전을 수행하게 할 목적으로 편성한 부대를 가리키는 말입니다.

전남대 정문에서 경찰과 대치 중인 학생 시위대(1980년 5월 15일)

찰은 학생들의 평화 시위를 보장하고 교통정리를 해 주는 등 협조를 했지요. 육군 정예의 공수 부대를 투입할 정도로 우려할 만한 상황이 결코 아니었습니다.

모호한 변호사　어찌 되었건 계엄령하에서 도로를 무단 점거하고 밤에 횃불 시위를 한 것 자체가 잘못이고, 학생들이 피고에게 물러가라고 구호를 외친 것도 주제넘었어요. 학생들은 공부나 하면 되지, 어른들이 하는 정치에 끼어들어 이래라 저래라 해서야 되겠습니까?

명석한 변호사　피고가 반민주적인 방법으로 정권을 잡으려 했기 때문에 학생들이 나서서 바로잡으려 한 건데 이를 비난하다니, 정말 몰상식하다고 할 수밖에 없군요.

판사　두 변호인은 진정하세요. 5월 18일 오전 10시경 전남대 정문에서 학생들과 공수 부대원들이 처음으로 충돌했다는데, 당시 상황에 대해 원고 측 변호인이 설명해 주시겠습니까?

명석한 변호사　당시 상황을 자세히 듣기 위해 원고 측 대표 윤상원을 불러 주셨으면 합니다. 이번에 전두환 피고를 고소한 광주 민주화 운동 희생자 연합회 대표로 잠시 염라대왕의 허락을 받아 이승으로 나왔습니다.

판사　원고 윤상원은 나와서 증언해 주시기 바랍니다.

영혼 결혼식을 올려서 그런지 예전보다 더 의젓해졌다. 윤상원은 담담한 표정으로 걸어 나와 증인 선서를 한 뒤 자리에 앉았다. 방청객들이 윤상원을 보려고 자리에서 일어서는 바람에 잠시 법정이 소란스러워졌다.

명석한 변호사   저승에서 어려운 걸음을 하셨는데요, 먼저 소감을 여쭤도 되겠습니까?

윤상원   이승에 내려와 오랜만에 동지들을 만나 보니 감회가 새롭습니다. 그동안 이 일이 '폭동, 광주 사태' 등으로 불리다가 '5·18 민주화 운동'으로 바뀌었고, 피고 등 관련자들이 재판을 받아 감옥살이를 하는가 하면, 최근에는 당시 기록물이 유네스코 세계 기록 유산으로 등재되었다는 소식을 듣고 매우 감격스러웠어요. 그런 반면 여전히 우리의 희생을 욕보이려는 사람들이 있어, 영혼 재판을 통해 역사적 진실을 알리고자 이 자리에 나오게 되었습니다.

명석한 변호사   감사합니다. 가장 궁금한 것은, 1980년 5월 18일은 일요일인 데다 비상계엄령이 확대되고 휴교령이 내려졌는데 왜 학생들이 학교로 몰려들었느냐는 것입니다.

윤상원   5월 16일 시위를 해산하면서, 휴교령이나 비상조치가 내려지면 전남대 정문에서 집결하자고 약속했기 때문입니다. 처음에는 정문에서 M16소총을 비껴 멘 공수 부대원들과 학생들 간에 실랑이가 벌어졌습니다. 그런데 10시가 가까워지면서 학생들이 200~300명으로 불어났어요. 5월 18일 새벽에 시위 주도 학생들이 체포되거나 피신했다는 소식을 접하자 누군가 "학교 출입을 보장하라! 공수 부대 물러가라" 등의 구호를 외쳤고 다른 학생들이 따랐습니다. 그런데 공수 부대원들은 해산하라는 구호를 듣자마자 다짜고짜 함성을

살상용
사람을 죽이거나 상처를 입히는
용도를 말해요.

지르며 학생들에게 돌진했습니다. 학생들은 놀라 달아나 인근 공사장에서 돌멩이를 들고 와 공수 부대원들에게 던졌지요. 그들은 이에 아랑곳하지 않고 묵직한 검은색 곤봉으로 학생들을 사정없이 내리치고 군홧발로 찼습니다. 곤봉은 철심이 박힌 **살상용**이었기 때문에 학생들은 심한 부상을 입었어요. 도망치는 학생들을 끝까지 쫓아가 사정없이 내리치니 머리가 깨지고 피가 튀며 사방에서 울부짖는 소리가 들려왔습니다.

모호한 변호사　　판사님, 이의 있습니다. 공수 부대원들이 과잉 진압했다는 것은 원고 측이 자신들의 행동을 정당화하기 위해 꾸며 낸 이야기에 불과합니다. 공수 부대원들은 계엄령하에서 질서 유지를 위해 최선을 다했을 뿐입니다. 물론 그 과정에서 몇몇 학생들이 상처를 입기는 했지만, 진압 지침에 따라 허리 아래 급소 아닌 곳에만 진압봉을 사용했기 때문에 큰 부상은 아니었습니다.

명석한 변호사　　지금 원고가 거짓말을 하고 있다는 것입니까? 때린 사람은 없는데 맞은 사람만 있다는 말입니까? 피고 측 변호인이야말로 억지 부리지 마세요.

모호한 변호사　　법을 지켜야 할 원고 측 변호인은 어찌하여 범법자들을 옹호합니까? 휴교령이 내려졌다면 학교에 들어가지 말아야 할 것이고, 더군다나 학생과 시민을 보호하려고 출동한 공수 부대원들에게 돌까지 던졌으니, 맞아도 싸지요.

판사　　변호인들끼리 싸우라고 재판하는 것이 아니에요. 진정들 하시고, 원고 측 변호인은 신문을 계속하세요.

명석한 변호사   죄송합니다. 저도 모르게 그만 흥분했습니다.

지도부도 없었다던데, 학생들은 공수 부대원들의 과잉 진압에 어떻게 대처했습니까?

윤상원   처음에는 우왕좌왕했지만, 지도부에 대한 검거령이 내려졌다는 소식에 학생들은 더욱 단합했습니다. 오히려 학생들은 이러한 사실을 시민들에게 알려야 한다며 광주역을 거쳐 금남로 쪽으로 몰려가면서, '비상계엄령 해제하라', '김대중 석방하라', '전두환 물러가라', '휴교령 철폐하라' 등의 구호를 목 터져라 외쳤습니다.

명석한 변호사   김대중 연행 소식은 신문과 방송에서 발표되기 전

아닌가요? '김대중을 석방하라'는 구호가 나왔다니 의외인데요?

윤상원　　김대중 선생이 5월 17일에 연행된 걸 서울의 학생들로부터 이미 연락받았거든요. 그 소식을 접한 광주 시민들은 충격에 휩싸였습니다. 김대중 선생은 절대적인 존재나 마찬가지였어요. 더욱이 박정희가 저격되었으니 더 이상 불이익당하고 소외되지 않을 거라고 희망을 가졌는데, 전두환에 의해 연행되었다고 하니 큰 충격일 수밖에 없었죠.

명석한 변호사　　김대중을 체포하면 광주 시민들이 가만있지 않으리라는 걸 피고도 뻔히 알지 않았을까요?

윤상원　　▶피고는 1979년 10월 박정희가 김영삼을 국회에서 쫓아내면서 부마 민주 항쟁이 터졌다는 사실을 알고 있었을 것입니다. 그래서 김대중을 연행하면 광주 시민들이 반발할 것을 예상하고 다른 지역과 달리 2개 대대의 공수 부대를 투입했고 시위대를 과격하게 진압했던 것입니다.

명석한 변호사　　피고는 정권욕에 눈멀어 국민은 안중에도 없었군요. 참으로 몹쓸 사람이라는 생각에 부아가 치미네요. 그런데 5월 18일 오전 시위는 경찰이 진압했다고 하던데, 당시 상황을 말씀해 주시겠습니까?

윤상원　　광주 시내 곳곳에서 1,000여 명 정도가 산발적인 시위를 벌였지만 시민들은 아직 적극적으로 참여하지는 않았습니다. 경찰들은 시위대를 해산시키려 쉴 새 없이 최루탄이나 페퍼 포그의 지랄탄을 쏘아 댔고, 시위대는 숨

교과서에는

▶ 신민당 총재 김영삼이 정치 공세를 강화하자 여당은 그를 국회 의원직에서 제명하는 일이 발생합니다. 이에 1979년 10월 김영삼의 정치적 본거지인 부산과 마산 일대에서 학생과 시민들이 합세한 부마 민주 항쟁이 일어났지요.

바꼭질하듯이 모였다 흩어지기를 반복했습니다.

시위대에 최루탄을 쏘는 경찰

명석한 변호사　공수 부대가 투입된 것은 언제쯤입니까?

윤상원　오후 4시경 전남대에 주둔해 있던 공수 부대원들이 시위 진압에 투입되었습니다. 처음에는 그러려니 했는데, 시위 진압 방식이 전투 경찰과는 전혀 달랐어요. 그들은 시위대뿐만 아니라 주변에서 지켜보던 여자와 노인들까지 곤봉이나 총의 **개머리판**으로 내리치고 군홧발로 짓밟았습니다. 미친개가 따로 없었어요. 금남로 일대는 아비규환이었습니다.

모호한 변호사　공수 부대원들에게 미친개라고 하다니 너무한 것 아닙니까? 계엄령이 전국으로 확산되었다면 쥐 죽은 듯이 있어야지, 괜히 거리로 몰려나와 돌을 던지고 파출소를 불태우는 폭동을 일으키니 공수 부대가 투입된 것입니다. 그들은 더 이상 보호할 국민이 아니었던 것이지요.

명석한 변호사　적반하장입니다. 그래서 시위대뿐만 아니라 시위를 지켜보던 신혼부부, 노약자, 부녀자들에게 개떼처럼 달려들어 두들겨 패고 군홧발로 짓밟고는 자신들에게는 책임이 없다고 하면 되는 것입니까? 더구나 이때 첫 희생자가 발생하지 않았습니까?

윤상원　맞습니다. 참으로 어처구니없는 일이 일어났습니다. 공수

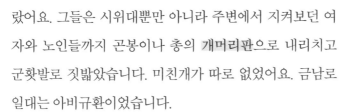

페퍼 포그
폭동 진압용 최루 가스의 상표명입니다. 큰 소리와 함께 불을 뿜으며 잇달아 발사된 폭탄이 땅에 떨어져 이리저리 꼬리를 흔들며 돌아다녀서 '지랄탄'이라고 이름 붙여졌어요.

개머리판
총의 아랫부분으로 사격할 때 어깨에 받치는 데 씁니다.

김경철

김경철(1952~1980)은 약의 부작용으로 청각 장애인이 되었어요. 양화점에서 일하며 결혼해 딸 혜정을 낳았습니다. 1980년 5월 18일 오후 4시쯤 공용 터미널에서 처남을 배웅하고 나오다 공수 부대원에게 붙잡혔고, 상황을 모르는 채 곤봉으로 마구 구타당한 끝에 5·18 민주화 운동 최초의 사망자가 되었습니다.

부대원들이 청각 장애인이었던 **김경철** 씨가 말을 따르지 않는다며 마구 진압봉으로 내리쳤고, 그는 결국 쓰러져 병원으로 급히 호송되었지만 결국 죽고 말았습니다. 제가 잠시 지상에 다녀온다는 말을 듣고 그가 절 찾아왔더군요. 돌 지난 딸을 두고 저승으로 왔는데 소식을 전해 달라는 것이었어요.

순간 법정은 숙연해졌다. 울먹이는 사람도 있었다.

명석한 변호사　공수 부대원들의 과격한 진압이 큰 화를 불렀군요. 이는 민주주의를 짓밟고 자기 마음대로 권력을 쥐려고 했던 피고 때문에 벌어진 일입니다. 다시 한 번 고인의 명복을 빕니다.

모호한 변호사　상황이 얼마나 긴박했는지를 알아보기 위해 당시 특전 사령관 정호용을 증인으로 신청합니다.

판사　증인은 나와서 선서하세요.

깔끔한 양복 차림의 정호용이 선서를 한 뒤 자기소개를 했다.

정호용　난 육사 11기로 전두환과는 동기이고 하나회 출신이외다. 5·18 당시 공수 특전 사령관으로 공수 여단을 총지휘했습니다.

모호한 변호사　원고 측 변호인이 공수 부대원들의 과잉 진압으로 광주 시민들의 반발이 거세졌다고 몰아가는데, 증인은 어떻게 생각하십니까?

정호용　　몇몇 부대원들의 과잉 진압이 있었지만 그것이 광주 시민을 자극했다고는 생각지 않아요. 유언비어가 판치면서 문제가 더욱 커졌습니다.

모호한 변호사　　자세히 말씀해 주시겠습니까?

정호용　　당시 광주 시내에는 '계엄군에게 흥분제 약을 먹였다', '독한 술을 먹였다', '경상도 군인이 전라도 씨를 말리러 왔다', '누가 어디서 어떻게 죽었다'는 등의 소문이 꼬리를 물고 퍼져 갔습니다. 이

폭도
폭동을 일으키거나 폭동에 가담한 사람의 무리를 말합니다.

런 이유로 시민들의 시위가 격화되었지요.

모호한 변호사　　그런 소문을 사실로 믿었다면 광주 시민들이 가만히 있지 않았을 것 같습니다. 그런데 어째서 그런 소문이 퍼졌을까요?

정호용　　글쎄요. 누군가 악의적으로 그런 소문을 만들어 선량한 광주 시민을 부추긴 것으로 보입니다. 개인적으로는 북한 간첩들이 유언비어를 퍼뜨린 것으로 알고 있습니다.

모호한 변호사　　양측의 우발적 충동 및 상호 간의 감정 격화로 5·18 민주화 운동이 비롯된 것으로 보이니 어느 한쪽에 책임을 묻기는 어렵겠습니다. 더욱이 북한 간첩이 소문을 퍼뜨렸다면 어쩔 수 없는 문제가 아닌가 합니다. 이상입니다.

판사　　원고 측 변호인, 증인 신문하시기 바랍니다.

명석한 변호사　　당시 작전명이 '화려한 휴가'였죠? 그렇게 지은 이유가 있나요?

정호용　　별뜻 없었습니다.

명석한 변호사　　작전명에 대해 말하기 싫다는 거죠? 제게는, '너희는 시민이 아니라 **폭도**를 때려잡는 것이다, 이것은 살인이 아닌 휴가다, 너희가 배운 충정 훈련을 휴가에서 마음껏 펼쳐라'라는 의미로 생각되는데, 어떻습니까?

정호용　　글쎄요, 뭐라 할 말이 없습니다.

명석한 변호사　　증인은 1980년 5월 18일 오후 3시 30분경, 동국대에 주둔하고 있던 11공수 여단에 "우리 애들이 밀리고 있으니 광주로 출동하라"고 명령을 내렸죠?

정호용　그렇습니다.

명석한 변호사　그날 공수 부대원들이 시위 진압에 나선 건 오후 4시 경인데 증인이 11공수 여단에 출동 명령을 내린 것은 그 전입니다. 그렇다면 공수 부대를 추가 투입하기로 이미 결정했다는 얘기인데요. 그렇지 않습니까?

정호용　글쎄요. 여하튼 공수 부대가 밀리고 있다는 보고를 받았고 당시 계엄령이 전국으로 확대된 상황이었기 때문에, 위에서 결정한 것을 실행에 옮겼을 뿐입니다.

명석한 변호사　위에서 결정했다고 했는데요. 증인은 그날 오후 1시 30분에서 3시 30분까지 피고를 비롯하여 이희성 계엄 사령관, 노태우 수도 경비 사령관 등 6~7명과 만났고 그 자리에서 추가 투입이 결정되었지요?

정호용　이희성 계엄 사령관이 점심을 하자고 해서 만났을 뿐입니다. 별다른 얘기는 나누지 않았습니다.

명석한 변호사　판사님, 증인이 증언을 거부하고 있지만, 전라남도 지역의 사단장이나 전투 교육 사령관 등이 공수 부대나 기타 군 병력의 투입 내지 지원을 요청하지 않았음에도 피고 등은 공수 부대 추가 투입을 결정했고 광주 문제를 더욱 악화시켰습니다.

모호한 변호사　판사님, 원고 측 변호인은 증거 자료 없이 추측만으로 증인을 몰아세우고 있습니다. 발언 삭제를 요청합니다.

명석한 변호사　1988년 12월 20일 국회 광주 청문회에서 당시 11공수 여단장 최웅 장군이 증언한 회의록을 증거 자료로 제출합니다. 이에 따르면 정호용 사령관이 최웅 장군에게 3시 30분경 전화를 걸어 "경상도 사람이 전라도 사람 씨를 말리러 왔다는 뉘앙스의 유언비어가 나돈다"라면서 임무 수행을 잘하라고 했다고 합니다.

판사　피고 측 변호인의 이의 신청을 기각합니다. 원고 측 변호인, 계속 신문하세요.

명석한 변호사　5월 19일 새벽에 11공수 여단이 추가로 투입되면서 광주에는 1,900여 명의 공수 부대원들이 시위를 진압하게 되었습니다. 공수 부대원들의 과잉 진압 때문에 많은 시민들이 연행되고 머리가 깨져 피가 흐르고 심지어 사망자까지 발생했지요. 그럼에도 불구하고 공수 부대원을 추가로 투입한 이유가 뭡니까?

정호용　시위가 과격해지고 시위대가 점점 많아져 빨리 진압하지 않으면 더 큰 불상사가 날 것 같았고, 북한이 호시탐탐 우리나라를 노리는데 시위로 인해 나라가 혼란에 빠지면 안 될 것 같아 어쩔 수 없이 추가로 투입한 것입니다.

명석한 변호사　그런데 결과는 어땠습니까? 오히려 5월 19일 광주에서는 더욱 비극적인 일들이 벌어졌습니다. 그날 아침 금남로에는 학생들보다는 소상인, 가게 종업원, 주변의 시민, 부녀자들이 모여들었습니다. 그런데 1,000명이 넘는 공수 부대원들은 시위대와 시민들을 곤봉으로 무차별로 때리는가 하면, 골목길, 가정집, 심지어 셔터가 내려진 상점까지 도망가는 사람을 쫓아가 진압봉과 총 개머리판을 휘둘렀습니다. 붙잡힌 사람들을 벌거벗기고 양손을 뒤로 묶는가 하면, 여자들은 속옷까지 찢고 가슴을 발로 짓밟거나 머리채를 잡고 담벼락에 찧기도 했습니다. 대한민국 국군이 한 짓이라고 어찌 믿겠습니까?

시위대를 팬티만 입힌 채 끌고 가는 공수 부대원들

정호용　　그것은 전적으로 광주 시민들이 자초한 것입니다. 5월 18일 우리 부대원들이 자제하면서 시위대를 해산시켰으면 그만둬야지, 다음 날 기어코 다시 길거리로 나와서 시위를 하니 그렇게 되었지요. 그뿐이 아닙니다. 전에는 돌멩이와 **화염병**으로 저항하던 시위대가 쇠파이프, 철근, 각목, 낫 등을 들고 부대원들에게 겁 없이 덤벼들었어요. 부대원들을 죽이겠다고 달려드는데 이들을 선량한 시민들이라 할 수 있습니까?

명석한 변호사　　부대원들이 저지른 만행은 눈감아 버리고 힘없는 시민들에게 모든 문제를 덮어씌우려 합니까? 시위대가 들고 나온 것은, 무조건 당할 수만은 없으니 최소한 자기 방어를 하기 위한 것들이었지요. 그런데, 그래서 대검으로 사람을 찌른 겁니까?

모호한 변호사　　판사님, 이의 있습니다. 당시 지휘관 어느 누구도 대검을 착검하지 않았다고 증언했습니다. 원고 측 변호인의 말은 사실이 아닙니다.

명석한 변호사　　아닙니다, 판사님! 지휘관들이 착검한 사실을 부인했지만 착검한 것은 사실입니다. 당시 공수 부대원이 착검한 사진을

화염병
휘발유 따위를 넣어 만든 유리병으로 심지에 불을 붙여 던지면 병이 깨지면서 불이 확산됩니다.

증거 자료로 제출합니다.

판사　　공수 부대원들이 착검한 것은 분명해 보입니다. 당시 어느 여자 분의 가슴을 칼로 도려냈다는 소문이 파다했는데, 사실이었습니까?

명석한 변호사　　여자 분이 가슴을 찔려 전남대 병원에서 치료받고 다행히 목숨을 건진 적이 있습니다. 이것이 좀 과장되어 가슴을 도려냈다는 얘기로 번진 듯합니다.

2

시위대의
목숨을 건 저항

판사   광주 시민들의 시위가 며칠째 계속되자 공수 부대원들의 진압이 갈수록 잔혹하고 과격해지는 것 같습니다. 그와 함께 피고의 가면도 하나씩 벗겨지는 듯합니다.

명석한 변호사   하루 이틀이면 끝날 것이라 여겼던 시위가 길어지자 공수 부대원들은 더욱 악랄해졌고, 그럴수록 광주 시민들의 시위 참여는 늘어만 갔습니다. 피고가 물러나지 않으면 계속 투쟁하겠다는 결의가 더욱 굳건해진 것입니다. 5월 20일 영업용 택시의 시위가 이를 대변한다 하겠습니다. 이와 관련하여 당시 시위에 참가했던 최 모범 기사님을 증인으로 신청합니다.

판사   좋습니다. 증인은 나와서 선서해 주시기 바랍니다.

60대 초반, 흰머리를 단정히 빗고 노란색의 모범 기사 복장을 한 최모범이 약간 상기된 얼굴로 선서한 뒤에 자리에 앉았다.

명석한 변호사　증인으로 나와 주셔서 감사합니다. 긴장을 푸시고 당시 겪었던 상황을 말씀해 주시기 바랍니다. 먼저 시위에 참가하게 된 계기는 무엇이었습니까?

최모범　저는 1979년에 제대한 뒤 고향인 광주에서 택시 운전 일을 했습니다. 벌써 30년이 넘었군요. 5월 18일 계엄령이 전국으로 확대된 뒤 광주는 공수 부대원들에게 맞아 피투성이가 된 시민들로 넘쳐났습니다. 우리들은 이들을 병원으로 실어 나르기 바빴지요. 그런데 5월 19일 피투성이가 된 부상자를 병원으로 옮기던 운전기사를 공수 부대원이 달려들어 차창을 깨고 끌어낸 뒤 배를 찔러 죽이는 사건이 발생했습니다. 당시 세 명의 운전기사가 살해당했다고 들었습니다.

방청석에서 놀람과 탄식이 터졌다. 최모범도 감정이 복받친 듯 한참 동안 입을 다물었다가 겨우 말을 이어 나갔다.

최모범　사람이라면 다 죽어가는 사람을 그냥 두고 볼 수야 없지 않습니까? 어떻게든 살려 내야죠. 그런데 이들을 태웠다는 이유로 택시 기사를 죽여야 합니까? 지금도 분이 안 풀립니다.

명석한 변호사　이해합니다. 그 뒤 증인도 시위에 동참했습니까?

최모범　　물론입니다. 죽은 동료를 생각하니 가만히 있을 수 없었습니다. 5월 20일 오후 3시쯤 금남로로 나가니 수만 명의 시위대가 경찰과 공수 부대원들과 대치하고 있었어요. 시위대는 경찰이 최루탄을 쏘면 물러났다 다시 몰려들곤 했지요. **충장로**에서 시위대 5,000여 명은 **스크럼**을 짜고 도청으로 진출하려다 공수 부대의 저지선에 막히자, "살인마 전두환은 물러가라, 군은 38선으로 복귀하라"고 외치며 농성을 벌였습니다.

충장로
광주시 동구의 도로입니다.

스크럼
여럿이 팔을 바싹 끼고 가로로 길게 늘어서는 것을 말합니다.

명석한 변호사　　혹시 죽을 수도 있겠다는 생각은 안 드셨습니까?

최모범　　그런 생각을 안 했다면 거짓말이지요. 하지만 계엄령을 해제하지 않고 전두환을 몰아내지 않으면 다 죽을 수도 있다는 생각에 두렵지 않았습니다.

　시위대가 경찰과 공수 부대의 저지선을 뚫지 못하자 기사들이 택시로 밀어붙이자고 제안했고 이에 동참하게 되었습니다. 그날 7시경 대한통운 소속 12톤 트럭과 고속버스, 시외버스가 헤드라이트를 켜고 경적을 울리면서 맨 앞에 나섰고, 그 뒤를 영업용 택시 200여 대가 따랐습니다.

명석한 변호사　　시민들의 절박한 심정을 알 것 같습니다. 시위대의 반응은 어떠했나요?

최모범　　시위대에선 "우리의 용사들 잘 한다", "이기자, 이겨야 한다"라고 외치며 박수 치고 환호했습니다. 순식간에 수만 명의 시위대가 차량과 함께 이동했고 태극기를 휘둘렀지요. 그때만큼 나 자신이

바리케이드
시가전에서 적의 침입을 막거나
반대 세력의 진입을 물리적으로
저지하기 위하여 설치하는 시설
로, 흙이나 통, 철망 따위로 길
위에 임시로 쌓아 만듭니다.

자랑스러울 때가 없었습니다.

명석한 변호사　　당시 광주 도청은 금남로를 가득 메운 시위대를 쉽게 제압했던 막강한 11공수 부대가 버티고 있었기 때문에 만만치 않았을 텐데요?

최모범　　맞습니다. 시위대가 차량을 따라 저지선을 향해 전진하자 경찰과 공수 부대원들은 엄청난 양의 최루탄을 쏴 댔습니다. 버스 한 대가 저지선 쪽으로 돌진하다가 가로수와 **바리케이드**를 들이받고 멈추자, 공수 부대원들이 차 안으로 최루탄을 던진 뒤 운전기사와 청년들을 끌어내 진압봉으로 사정없이 내리치고 군홧발로 짓이겼습니다. 그걸 보고 맞아서 죽을 수도 있겠구나 하는 생각이 들었지요.

명석한 변호사   그런 상황에서도 물러서지 않고 불의에 항거했다는 데 경의를 표합니다. 차량 시위는 어떻게 되었습니까?

최모범   시위대와 공수 부대 간에 육박전이 벌어져 부상자가 속출하면서 도청 진입이 어렵게 되었습니다. 이때 스피커로 시위대를 응원한 전옥주 씨의 목소리가 시위대와 시민들의 마음을 더욱 뜨겁게 단결시키기도 했지요. 그날 밤까지 차량 시위는 계속되었고 시위대는 20여만 명으로 늘어났습니다. 결국 시청 건물을 공수 부대로부터 빼앗고, 도청과 광주역을 제외한 전 지역을 시위대가 장악했습니다.

● 전옥주의 가두 방송

계엄군 아저씨, 당신들은 피도 눈물도 없습니까? 도대체 어느 나라 군대입니까?

경찰 아저씨, 당신들은 우리 편입니다. 제발 우리를 도와주십시오. 도청 광장에서 잠시만 비켜 주면 우리는 평화적으로 시위를 하고 물러나겠습니다.

경찰 아저씨, 최루탄을 쏘지 마십시오. 우리는 맨 주먹입니다. 그러나 우리는 꼭 이깁니다.

시민 여러분, 모두 힘을 합치다. 끝까지 물러서지 말고 광주를 지킵시다.

명석한 변호사   5월 20일 광주역에 투입된 3공수 부대 때문에 시위대의 희생이 적지 않았다고 들었습니다. 당시 상황에 대해 말씀해

주시겠습니까?

최모범　시위대가 광주역으로 나아가려고 했지만 여의치 않았습니다. 광주역은 공수 부대의 유일한 보급로였으니 그들로서도 빼앗길 수 없었던 것이지요. 공수 부대가 곳곳에 쳐 놓은 바리케이드를 무너뜨리기 위해 시위대가 여러 차례 차량 공격을 하자 공수 부대원들은 총을 쐈고, 돌을 던지던 사람들이 총을 맞고 쓰러졌습니다. 순간 정적이 감돌았지요. 설마 했던 일이 현실이 되었지만, 시위대는 두려워하기보다는 죽음으로 맞섰습니다.

명석한 변호사　공수 부대원들이 어떻게 시위대에 총을 쏠 수 있었는지 이해할 수 없습니다. 더욱 놀라운 것은, 동료들이 총탄에 쓰러지는 것을 보면서도 시위대가 물러서지 않았다는 점입니다. 무엇이 그렇게 만들었을까요?

최모범　잘 모르겠습니다. 그저 가슴 깊은 곳에서 어떤 울림을 느꼈습니다. 아마 저들을 몰아내야만 진정한 민주주의를 실현할 수 있을 것이라는 사명감이 아니었을까 합니다. 시위대가 흔드는 태극기를 보면서 가슴이 벅차올랐고 관에 덮인 태극기를 보면서 울컥했습니다. 이러한 마음이 시위대를 하나로 만들어, 결국 공수 부대원을 몰아내고 광주역을 차지할 수 있었던 것 같습니다.

명석한 변호사　오늘날의 민주화가 거저 얻어진 것이 아님을 다시금 깨닫게 됩니다. 이상입니다.

판사　과연 시위대에 총을 쏠 정도로 급박한 상황이었는지 모르겠습니다. 국민을 보호해야 할 군인이 국민에게 총을 겨눴다는 게 있을 수 있는 일인지 모르겠습니다. 피고 측 변호인, 증인 신문하십시오.

모호한 변호사　　5월 20일 상황은 무슨 전야제 같았습니다. 광주 시내가 온통 전쟁터를 방불케 했습니다. 시위대는 자동차에 휘발유를 싣고 다니며 수십 군데 파출소를 불태웠는가 하면, 심지어 방송국과 세무서까지 잿더미로 만들었습니다. 시위대는 폭도에 불과했습니다.

명석한 변호사　　아니, 무슨 망발을 하는 겁니까? 이 땅에 민주주의를 꽃피우려다 억울하게 희생당한 영혼들 앞에서 그렇게 말을 함부로 해도 되는 것입니까? 시위대가 왜 관공서에 불을 질렀는지 한 번쯤 생각해 봤습니까? 광주 시민들이 공수 부대에 억울하게 당하고 있는데 방송국은 단 1초도 그러한 상황을 내보내지 않았어요. 자신들이 낸 세금이 자신들을 죽이는 데 이용된다는 사실에 시민들은 분노한 것입니다. 오죽했으면 그랬겠습니까?

모호한 변호사　　원고 측 변호인은 광주 시민들이 공수 부대원들에게 억울하게 당했다고 하는데 오히려 그 반대였습니다. 공수 부대원들은 수십만이나 되는 시위대에 기를 펴지 못하고 생명에 위험을 느낄 정도였어요. 상황을 자세히 알아보기 위해 당시 부대를 지휘했던 3공수 여단장 최세창 장군을 증인으로 신청합니다.

　　오랜만에 법정에 나오니 서먹한 모양이다. 최세창은 앞만 보고 걸어 나와서는 증인석에서 긴장된 목소리로 선서하고 자신에 대해 소개했다.

최세창　난 육사 13기이고 하나회 핵심 인물 중 한 사람이지요. 12·12와 5·18 당시 제3공수 여단장으로서 부대를 지휘했습니다.

모호한 변호사　긴장을 푸시고 사실대로만 진술하시면 됩니다. 증인은 5월 20일 새벽에 광주역에 도착한 뒤 그날 밤 9시에 광주역으로 출동했죠? 당시 상황을 말씀해 주시겠습니까?

최세창　막상 광주에 투입되고 보니 말로 듣던 것과는 딴판이었습니다. 3만여 명의 시위대들은 몽둥이, 쇠파이프, 갈고리뿐만 아니라 도끼 등 흉기가 될 만한 것은 전부 들고 나왔습니다. 부대원들이 쉴 새 없이 최루탄을 쏴도 시위대는 잠시 흩어질 뿐 금세 다시 나타나 돌과 화염병을 던졌습니다. 심지어 트럭에 실은 휘발유 드럼통에 불을 붙여 우리를 공격했어요. 트럭이 바리케이드를 부수고 분수대를 들이받은 뒤에 휘발유 드럼통이 폭발하고 불기둥이 솟았습니다. 전쟁터를 방불케 했지요. 혹여 우리 부대원이 다치지나 않을까 무척 걱정스러웠습니다.

모호한 변호사　공수 부대원들이 과격한 시위대에 의해 목숨까지 위협받는 상황이었던 것으로 생각됩니다. 이러한 상황에서 공수 부대원들이 총을 쐈던 것은 정당방위였다고 생각합니다. 이상입니다.

판사　원고 측 변호인, 증인 신문하시기 바랍니다.

명석한 변호사　과연 시위대에 총을 쏜 것이 정당방위였는지 따져 봐야 할 것입니다. 부대원들에게 언제 실탄을 지급했습니까?

최세창　광주역에서 경계 중이던 부대의 중사 한 명이 시위대 차량에 깔려 사망했습니다. 이때 시위대의 공격에 위협을 느낀 대대장들이 실탄 지급을 요청하여 마지못해 '위협용으로 사용하라'는 조건으로 허락했습니다. 생명에 위협을 느낄 정도로 매우 다급한 상황이었기 때문에 몇몇 부대원이 총을 쐈던 모양입니다.

명석한 변호사 당시 윤흥정 전투 교육 사령관이 증인에게 총격 여부를 확인했는데, 증인은 이를 단순한 공포 사격이라 보고했을 뿐만 아니라 실탄 지급 사실까지도 부인했습니다. 왜 그랬습니까?

최세창 할 말 없습니다.

명석한 변호사   ▶당시 공수 부대의 발포로 네 명이 사망하고 여섯 명이 부상당했습니다. 이 자리에서 사과라도 해야 되는 것 아닙니까? 대한민국에서 최정예로 육성된 공수 부대원들이 시민들을 향해 집단 발포한 것은 어떠한 이유에서도 용서받을 수 없는 일입니다. 국민을 보호해야 하는 '국민의 군대'이기를 거부한 것이나 마찬가지입니다. 이상입니다.

교과서에는

▶시위대는 전남 도청 앞에 집결하여 계엄군과 대치하였습니다. 이 과정에서 계엄군의 발포로 시위대에서 사상자가 발생하자 시위는 광주 주변 지역으로 확대되었습니다.

왜 5·18 민주화 운동이 일어났을까?

공수 부대의 발포와
시민군의 무장 항쟁

판사　광주역을 사수해야 했던 공수 부대원들의 절박한 상황은 이해하지만 총부리를 시위대에 겨눴고 그로 인해 사상자가 발생했다는 것은 매우 유감스러운 일입니다. 5월 21일 새벽에 공수 부대가 광주역에서 물러나고 도청을 제외한 광주 전역이 시위대에 장악되었지만 양측의 충돌은 더욱 악화되었다고요?

명석한 변호사　그렇습니다. 피고가 매우 당혹해했을 것입니다. 공수 부대가 강경하게 진압하면 이내 잠잠해질 것이라 생각했는데 그와 달리 시위가 더욱 거세졌으니까요. 자칫 모든 것이 수포로 돌아갈지도 모른다는 걱정에 잠을 못 이뤘을 것입니다. 당시 상황을 알아보기 위해 시위대를 지휘했던 박남선 씨를 증인으로 신청합니다.

판사　증인은 나와서 선서해 주세요.

박남선이 나와 증인 선서를 한 뒤 자리에 앉았다.

명석한 변호사　5월 21일에 어떤 일이 벌어졌는지 상황을 설명해 주시겠습니까?

박남선　새벽에 2만여 명의 시위대는 해산하지 않고 도청에서 공수 부대와 대치하고 있었습니다. 새벽 4시쯤 되었을 때, 광주역 광장에서 총에 맞아 사망한 시체 두 구를 손수레에 싣고 시위대가 금남로에 왔습니다. 흥분한 시위대는 무장해야 한다며 아시아자동차 공장으로 몰려가 장갑차, 군용과 민간 트럭, 대형 버스 등을 끌고 왔지요. 트럭과 버스로 시외의 시민들을 실어 날랐고, '계엄 해제하라', '김대중 석방하라', '노동 3권 보장하라', '찢어 죽이자, 전두환' 등의 구호를 외쳤습니다.

명석한 변호사　공수 부대가 시위대에 총을 쏘면서 사태가 더욱 악화되었군요. 제가 듣기로는, 다른 한편으로 공수 부대와의 협상을 시도했다고 하던데요?

박남선　10시쯤에 시위대는 5만여 명으로 늘어나 금남로가 꽉 찼습니다. 이때 시위대 측에서 '공수 부대와 협상해야 한다'는 주장이 힘을 얻으면서 네 명의 협상 대표가 도지사와의 협상에 나섰어요.

명석한 변호사　최악의 상황을 막을 수 있는 최선의 선택이었던 것으로 생각됩니다. 협상은 잘되었습니까?

박남선　어느덧 시위대에 15만 명 가량이 모여 모두 애국가를 부르며 협상 결과를 기다렸습니다. 10시 45분쯤에 도지사가 경찰 헬기를 타고 금남로 상공을 돌면서 12시에 계엄군을 철수시키겠다며 해산을 종용했습니다. 시위대에선 끝까지 싸워야 한다는 목소리도 있었지만, 대부분 질서를 유지하고 화해해야 한다는 입장이었습니다.

명석한 변호사　도지사가 시위대 앞에 나와서 직접 협상 결과를 발표했어야 옳았다는 아쉬운 생각이 듭니다. 어찌 되었건 공수 부대를 철수시키겠다고 약속한 것은 다행스러운 일이군요.

박남선　네, 우리 시위대도 그 말을 믿었습니다. 그런데 12시가 다 되도록 공수 부대는 철수할 움직임이 전혀 없었어요. 오히려 공수 부대는 장갑차를 횡대로 줄 세우고 저지선을 구축했지요. 시위대는 완전히 배신감을 느꼈고, 힘으로 그들을 몰아내야 한다는 생각을 갖게 되었습니다.

명석한 변호사　그렇다면 협상이 된 게 아니라 시위대를 해산시키려고 술수를 부린 것이었군요.

모호한 변호사　판사님! 협상이 결렬된 것은 시위대 때문이었습니다.

판사　그게 무슨 소리인가요? 자세히 말씀하시기 바랍니다.

모호한 변호사　시위대를 주도하는 세력이 없다 보니 우왕좌왕했습니다. 앞에서도 나왔지만, 시위대는 협상에 적극 나서는 세력과 끝까지 저항하려는 세력으로 나뉘어졌습니다. 협상에 반대한 세력은 아시아자동차 공장에서 빼돌린 군용 트럭과 장갑차를 이용해 공수 부대가 주둔하고 있는 도청으로 밀고 들어왔어요. 그뿐만 아니라 소총으로 무장한 시위대도 눈에 띄었습니다.

판사　증인, 피고 측 변호인의 말이 사실입니까?

박남선 조금 전에 말씀드린 바와 같이 12시가 다 되어 가는데 공수 부대는 철수할 기미가 없었습니다. 공수 부대에게 속았다는 생각에 시위대가 공수 부대의 저지선을 뚫으려 했지만, 결코 소총으로 무장하지는 않았습니다. 우리를 모함하려고 꾸며 낸 말입니다.

모호한 변호사 시위대를 어떻게 믿습니까? 혹여 공수 부대가 철수할 때 공격해 올지도 모르는 일이었어요. 시위대가 해산할 기미가 없기에, 공수 부대도 어쩔 수 없이 도청에 계속 머물렀던 것입니다.

판사 협상 대상이 잘못되었던 것이 아닐까요. 시위대에선 대표성을 인정받은 사람이 나서지 못했고, 공수 부대 또한 지휘 책임자가 직접 나서지 못하다 보니 서로 간에 믿지 못하는 상황이 된 것 같군요.

모호한 변호사 양측의 평화적인 협상을 깨뜨린 것은 시위대 쪽이었습니다. 1시가 다 될 무렵 시위대 쪽에서 관광버스 두 대가 도청 앞 광장 분수대를 돌기 시작했습니다. 방향을 조금만 틀면 공수 부대원들을 덮칠 터였지요. 이때 장교들이 나서서 발포하여 차량 한 대를 멈춰 세웠는데, 안타깝게도 운전기사가 그 자리에서 숨지고 말았습니다.

판사 총을 쏜 게 장교들이 부대원들을 구하기 위한 정당방위였다는 말씀인가요?

모호한 변호사 그렇습니다. 다른 버스는 급히 방향을 틀어 시외로 달아났지만, 시위대의 장갑차 한 대가 공수 부대의 저지선을 향해 돌진했습니다. 순식간의 일이라 공수 부대원들이 도청을 향해 도망쳤지만, 그 와중에 부대원이 사망하는 사건이 일어났습니다. 시위대

측은 처음부터 협상 자체에는 관심이 없었던 것입니다.

명석한 변호사　피고 측 변호인은 억지를 부리고 있습니다. 협상 주도권은 무장한 공수 부대 측이 가지고 있었지 시위대가 가지고 있었던 것이 아닙니다. 증인, 당시 상황에 대해 설명해 주시겠습니까?

박남선　공수 부대가 철수하지 않아 시위대가 격앙되어 있었던 것은 사실이지만 당장 어떻게 하겠다는 것은 없었습니다. 다만 누군가 우발적으로 장갑차를 돌진시켰을 뿐입니다. 그때 공수 부대의 장갑차가 급히 후진하다 뒤에 서 있던 부대원을 치었지요. 그런데 오후 1시에 난데없이 애국가가 울렸고 우리는 자못 숙연해져 있었는데, 갑자기 공수 부대원들이 총을 쏘기 시작했습니다. 순식간에 금남로는 피로 물들고 총을 맞은 사람들이 도로에 나뒹굴었지요. 그때 적어도 54명 정도가 사망하고 500여 명이 부상한 것으로 알고 있습니다.

명석한 변호사　도청뿐만 아니라 전남대 앞에서도 공수 부대원의 발포가 있었다는데 자세히 설명해 주시겠습니까?

박남선　전남대에서는 3공수 여단 병력이 시위대와 맞서고 있었는데, 오후 2시경 이들이 시위대에 일제히 사격을 했습니다. 이때 학교 근처에서 남편을 기다리고 있던 임신 8개월 된 여성이 총에 맞아 그 자리에서 사망했습니다. 당시 공수 부대원들의 발포로 광주 시내 병원은 모두 초만원을 이뤘습니다. 지금도 잊히지 않아요. 한 사람의 목숨이라도 살리겠다고 나섰던 의사와 간호사들, 병원으로 달려와 한 방울의 피라도 보태겠다며 수백 미터씩 줄을 선 행렬은 감동

그 자체였습니다.

명석한 변호사　참으로 가슴이 먹먹해집니다. 공수 부대의 총격에
많은 사상자가 발생했는데 어느 누구도 발포 명령을 내리지 않았다
고 하니 화가 납니다. 위협사격이었습니까, 아니면 조준 사격이었습
니까?

박남선　설마 대한민국 군인이 국민에게 총을 쏘겠나 싶었지만,
그들은 작정하고 총을 쐈습니다. 공수 부대원들이 엎드려쏴 자세로
집단 발포했고, 심지어는 건물 옥상에서도 시위대에 조준 사격을 했
습니다.

명석한 변호사　　당시 시위대도 무장하고 있었습니까?

박남선　　아닙니다. 우리를 폭도로 모는 사람들은 우리가 무장하고 있었기 때문에 공수 부대가 총을 쏜 게 당연하다고 말하는데, 결코 사실이 아닙니다.

명석한 변호사　　공수 부대원의 발포는 이전에도 있었지만, 5월 21일 발포는 시위대를 향해 조준 사격을 했다는 말이군요. 그런데 왜 갑자기 공수 부대원들이 조준 사격을 했을까요? 판사님, 누군가 발포 명령을 내리지 않고서는 불가능한 일입니다. 이와 관련해 특전 사령관이었던 정호용의 증언을 듣고자 합니다.

판사　　증인, 자주 봅니다. 나와서 증인 선서 하십시오.

두 번째 증인석으로 불려 나온 정호용은 매우 불만스러운 표정이다.

명석한 변호사　　증인은 도청에서 공수 부대원들이 시위대에 총을 쏜 5월 21일에 광주에 있었기 때문에 어느 누구보다도 당시 상황을 잘 아실 것입니다. 누가 사격해도 좋다는 명령을 내렸습니까?

정호용　　전날 내 부하들이 시위대에 밀려 죽고 다쳤다는 연락을 받고 위로 차 광주에 내려갔던 것입니다. 발포와 관련해서는 아는 바 없습니다.

명석한 변호사　　발포는 있었지만 명령을 내린 사람은 없다는 얘기로 들립니다. 그럼 언제 **자위권 발동**이 되었습니까?

정호용　　'광주 사태'가 최악의 상황으로 치닫자 오후 2시 35분경

> **자위권 발동**
> 무력 사용 없이는 임무 수행이 불가능할 때 발포됩니다. 구두로 3회 이상 경고하고, 불응하면 공포 사격을 한 뒤, 생명의 위험이 적은 하퇴부에만 사격하도록 합니다.

피고와 국방부 장관, 계엄 사령관 등이 만나 대책을 협의했습니다. 광주 시민이 더 이상 희생당하면 안 되겠다는 생각에서 자위권 발동 등 6개 항이 결정되었습니다.

명석한 변호사   고양이 쥐 생각하듯 하는군요. 여하튼 당시 결정되었다는 6개 항에 대해 자세히 말씀해 주시겠습니까?

정호용   뭐 장황하게 얘기할 것은 없고, 간단히 말해, 계엄군의 광주 시외 배치, 자위권 발동, 1개 공수 연대 추가 투입, 2개 훈련단 훈련 동원 소집, 5월 23일 이후 폭도 소탕 작전 실시, 대북한 경계 강화 등이었습니다.

명석한 변호사   병력을 추가로 투입한다고 했는데, 이미 5월 20일 저녁 8시에 20사단 3개 연대 병력 투입 명령이 떨어졌고, 그날 저녁과 5월 21일에 공수 부대원이 총을 쏜 것은 자위권이 이미 발동되었기 때문이라고 보이는데요. 어떻게 생각하십니까?

정호용   생각하기 나름이겠지요. 잘은 모르겠지만, 5월 21일 오후 1시의 발포는 시위대의 공격 때문에 순간적으로 일어난 일이지 작전 같은 것은 없었습니다.

명석한 변호사   작전이 없었고 자위권도 발동되지 않았는데 5월 21일 오전 10시경에 부대원들에게 실탄을 지급합니까? 건물 옥상에서 조준 사격을 했는데 이걸 순간적으로 벌어진 일이라고 변명하는 것입니까?

정호용   난 모르는 일이라고 하지 않았습니까? 당시 작전은 31사단장이나 전투 교육 사령관에 의해 실시되었으니 그 사람들에게 확인하면 될 것 아니겠소?

명석한 변호사　　육군 본부에서 작성한 '폭동 진압 작전' 교본에 따르면, 발포권은 **위수** 사령관에게 있고 사격은 지휘관의 철저한 통제하에 실시돼야 한다고 되어 있습니다. 그런데 내가 확인한 바로는 위수 사령관이었던 31사단장과 전투 교육 사령관은 그러한 사실이 없다고 합니다.

　　판사님, 증인이 증언을 거부하고 있지만, 5월 21일 오후 1시 이전에 자위권이 발동되었고 이에 따라 공수 부대원들이 사격을 했다는 것은 분명한 사실입니다. 이상입니다.

판사　　과연 공수 부대원들이 명령 없이 자의적 판단에 따라 총을 쐈는지 의문스럽습니다. 피고 측 변호인, 증인 신문하시겠습니까?

모호한 변호사　　아닙니다. 증인이 아니라는데 굳이 자위권을 발동해서 발포 명령을 내린 것처럼 몰고 가는 것은 문제가 있다고 생각합니다. 이와 관련해 당시 도청을 사수하고 있었던 11공수 여단장 최웅 장군을 증인으로 신청합니다.

판사　　뭔가 새로운 얘기를 들을 수 있겠군요. 증인은 나와서 선서해 주세요.

　　전역 후 대사를 지낸 최웅이 깔끔한 정장 차림에 점잖은 걸음걸이로 나와서 증인 선서를 한 뒤 자리에 앉았다.

최웅　　난 육사 12기, 하나회 출신으로 5·18 당시 11공수 여단장으로 부대를 지휘했어요. 전역 후 파키스탄과 폴란드 대사를 지냈지요.

모호한 변호사　지금 도청 앞 발포에 관해 여러 주장들이 나오고 있는데 당시 상황을 설명해 주시기 바랍니다.

최웅　당시 11공수 여단이 주둔하고 있던 도청 주변에 30여만 명의 시위대가 쫙 깔려 있었습니다. 제 아무리 훈련을 받은 공수 부대원들이지만, 엄청난 시위대에 기가 눌린 상황이었지요. 그런 데다택시, 버스, 소방차, 군용 트럭, 장갑차 등 100여 대가 도청 앞 시위대열 쪽으로 모여들었어요. 12시 50분경 버스 두 대가 도청을 향해돌진했는데, 이때 한 부대원이 발포했습니다.

모호한 변호사　당시 자위권이 발동된 것입니까?

최웅　자위권이 발동되었다기보다, 본능적으로 살아남기 위해 자위권 발동 차원에서 발포한 것이지요. 만약 버스가 도청 방향으로돌진했다면 부하들 수십 명이 죽을 수도 있는 상황이었습니다. 사격방향은 버스 바퀴였습니다.

모호한 변호사　원고 측 증인은 후진하던 계엄군 장갑차에 공수 부대원이 사망했다고 했는데, 사실입니까?

최웅　글쎄요, 저는 돌진하던 시위대 장갑차에 의해 부하가 사망했다고 보고받았습니다.

모호한 변호사　공수 부대원들이 발포한 것은 군 수뇌부가 공식적으로 자위권 발동을 결정하기 이전입니다. 그렇다면 그 전에 실탄이지급된 이유가 있었을 텐데요. 이에 대해 설명해 주시겠습니까?

최웅 12시 50분경 장갑차가 도청 방향으로 질주하여 7~8명의 사상자가 발생한 후 위기감 속에서 4개 대대장들이 모여 31사단 철수 병력이 인계한 실탄을 장교들에게 나눠 주기로 했습니다.

명석한 변호사 판사님, 증인은 위증을 하고 있습니다. 아까도 말씀드렸습니다만, 실탄이 지급된 것은 오후 12시 50분이 아니라 5월 20일 자정 무렵과 21일 오전 10시 30분경이었습니다. 이는 당시 광주에서 취재하던 『동아일보』 김영택 기자가 직접 목격한 사실입니다.

판사 증인은 위증 처벌을 받을 수 있다는 것을 명심하세요. 피고 측 변호인, 계속 신문하세요.

모호한 변호사 판사님, 원고 측 변호인은 지금껏 물증 없이 상황만으로 변론하고 있습니다.

명석한 변호사 아닙니다. 자위권 발동은 5월 21일 오후 2시 35분경에 결정되었지만, 그 이전에 이미 자위권을 발동해도 좋다는 명령이 하달되었습니다. 다만 누가 지시했느냐가 의문입니다. 정호용 특전 사령관은 5월 20일 밤 증인으로부터 공수 부대의 발포로 시위가 격화된 상황을 보고받았고, 5월 21일 오전에 전두환 피고, 노태우 수도 경비 사령관 등 이른바 신군부 핵심들이 협의하여 자위권 발동을 허용한 것입니다. 이를 근거로 오전 10시에 실탄을 지급했고 발포한 것이지요. 대한민국 재향 군인회에서 발간한 『12·12, 5·18 실록』(1997)을 증거 자료로 제출합니다.

모호한 변호사 원고 측 변호인은 말도 안 되는 소리로 피고가 자위권을 발동한 것처럼 몰고 가지만, 이는 추측일 뿐입니다. ▶당시 버스와 장갑차 공격뿐만 아니라 파출소 등에서 강탈한 무기로 시위대가 이미 무장하고 있었기 때문에, 언제 시가전이 벌어질지 모르는 매우 급박한 상황에서 총격전이 벌어진 것입니다.

최웅   맞습니다. 시위대가 이미 무장한 상태에서 교전이 이루어 졌던 것이지 부대원이 일방적으로 사격한 게 아닙니다. 도청 앞에서 시민군도 발포했어요. 당시 작전 일지에 그렇게 기록되어 있습니다.

명석한 변호사   판사님, 이의 있습니다. 자신들이 조작한 작전 일지를 언급하는 것은 어불성설입니다. 더욱이 시위대가 오후 1시경에 발포했다고 하는데, 그들이 무장한 것은 그 이후입니다. 국방부에서 제출한 자료에 따르면 가장 먼저 시위대의 공격을 받은 게 나주 금성 파출소인데, 그게 오후 2시 30분의 일입니다. 그렇다면 시위대가 무장한 것은 빨라도 오후 3시경입니다. 증인이 시민군이 발포했다고 하는 것은 자신들의 발포를 정당화시키려는 것에 불과합니다.

최웅   나는 오후 1시경 시위대 쪽에서 쏜 총소리를 들었습니다. 더욱 놀라운 것은, 각지에서 강탈한 무기를 중학생을 포함한 수백 명에게 나눠 줘 이들이 도청으로 진격해 왔고, 2,000여 명의 시위대가 그 뒤를 따랐습니다. 그리고 3시 30분부터 도청을 포위한 시위대가 총을 쏘기 시작했습니다. 더구나 4시경에는 전남 의대 12층 옥상에 경기관총 LMG 2정을 도청 방향으로 설치했어요. 자칫 많은 공수 부대원이 죽을 수도 있는 상황이었습니다.

모호한 변호사   저조차 가슴을 쓸어내리게 됩니다. 만약

교과서에는

▶ 시위가 확대되고 격화되자 일부 시민들은 무기를 탈취하여 저항하였습니다.

그 전에 탄약이 지급되지 않았으면 공수 부대원들이 모두 죽을 수도 있는 상황이었다고 할 수 있겠습니다.

명석한 변호사　말도 안 되는 소리입니다. 교전이 이루어졌다고는 하지만, 시민군은 제대로 훈련받은 것도 아니고 단지 소총을 들고 산발적으로 응사한 것에 불과합니다. 시민군이 무장한 소총은 제2차 세계 대전 때 사용한 것으로 세계 어느 나라에서도 사용하지 않는 것이었어요. 이날 시민군이 쏜 총에 맞은 공수 부대원이 있습니까?

판사　두 변호인은 진정하시기 바랍니다. 그런데 자료를 보니 갑자기 공수 부대가 철수하던데요, 어떻게 된 거죠? 피고 측 변호인이 설명해 주시겠습니까?

모호한 변호사　광주 외곽에서 계속 무기가 반입되고 시민군의 숫자가 계속 늘어났습니다. 시민군이 공수 부대가 주둔한 도청을 포위하고 공격하는 상황에서 더 이상 견딜 수 없었던 것입니다.

명석한 변호사　아닙니다. 조금 전에 정호용 증인이 말한 바와 같이 공수 부대를 광주 시외로 전환 배치한다는 명령이 하달되었기 때문입니다. 이때 공수 부대원들이 장갑차를 앞세워 M16 소총을 난사하면서 도청을 빠져나가는 바람에 무고한 시민이 많이 죽고 다쳤습니다.

판사　과격한 시위 진압이 발포로 이어지면서 결국 많은 사상자가 발생했다는 게 안타깝기 이를 데 없습니다. 이것으로 둘째 날 재판을 마치도록 하겠습니다.

　땅, 땅, 땅!

다알지 기자

안녕하십니까? 역사공화국 법정 뉴스의 다알지 기자입니다. 저는 지금 5·18 관련 두 번째 재판이 열리고 있는 한국사법정에 나와 있습니다. 오늘 광주 민주화 운동 희생자 연합회 회장 윤상원이 나와서 5월 18일 공수 부대와 학생들 간의 첫 충돌을 생생하게 증언해 주었습니다.

말없이 재판을 지켜본 피고 전두환은 얼굴을 찌푸리거나 눈을 감고 회상하는 듯했는데요, 두 분을 모시고 이번 재판에 임하는 각오와 바람을 들어 보도록 하겠습니다.

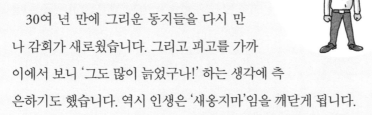

윤상원

　30여 년 만에 그리운 동지들을 다시 만
나 감회가 새로웠습니다. 그리고 피고를 가까
이에서 보니 '그도 많이 늙었구나!' 하는 생각에 측
은하기도 했습니다. 역시 인생은 '새옹지마'임을 깨닫게 됩니다.

　그동안 피고가 백담사에서 누룽지를 긁으며 수행하고 2년여 동안
감옥 생활을 해서, 지난날 자기 때문에 희생된 사람들에게 사죄하는
모습이 조금이라도 있을 줄 알았습니다. 그런데 실망이 큽니다. 비록
저승 사람이지만 반드시 재판에서 이겨 피고가 역사의 냉엄한 평가를
받도록 하겠습니다.

전두환

　　나, 올해로 팔십하나입니다. 날 이빨 빠진 호랑이로 보는 듯한데 아직도 쌩쌩합니다. 물론 정신도 말짱합니다. "29만 원밖에 없다"고 했더니 날 놀리는 사람들이 있는데, 실제로 그렇다는 것을 다시금 말씀드립니다. 그 이후로 나에게 성금을 보내 주는 사람이 적지 않습니다. 이 자리를 빌려 감사드립니다.

　　내가 재판을 받아 봤는데, 영혼 재판이라는 것은 처음입니다. 참 흥미롭습니다. 그런데 내가 높은 자리에 있을 때는 굽실거리다가 내가 끈 떨어지고 늙은이가 되었다고 기어오르려 하는 자들이 있어 매우 기분이 나쁩니다. 특히 대통령에 안달 난 사람처럼 날 모함하는데, 그렇지 않아요. 시대가 날 그렇게 만든 것이지요. 폭동을 일으킨 일부 몰지각한 광주 시민들 좀 혼내 줬다고 해서 이렇듯 요란스럽게 영혼 재판까지 열었다는 데 불만이 많습니다. 하지만 저의 진실함을 밝혀 이 재판에서 승소할 것입니다.

우표로 보는 1980년의 대한민국

작은 우표에도 많은 사연이 있고 역사가 담겨 있습니다. 5·18 민주화 운동이 있었던 1980년에 나온 우표들을 살펴보면서 당시 우리나라 상황을 짐작해 보아요.

박정희 대통령 추모 특별 우표

대통령의 영정을 이용해 만들어진 이 우표는 고 박정희 대통령을 추모하기 위해 만들어졌습니다. 1979년 10월 26일 사망한 전 대통령을 추모하기 위해 돌아가신 지 100일을 맞은 2월 2일에 발행되었지요.

선복량 500만 톤 돌파 기념

우리나라는 1980년 3월 13일을 기하여 선복량 500만 톤을 돌파하게 됩니다. 1960년대에 경공업 위주로 경제 개발 계획을 추진하다 1970년대 들어 중화학 공업을 육성한 결과이기도 하지요. 당시 철강, 석유 화학, 기계, 조선 등이 가파르게 성장했습니다.

새마을운동 10주년 기념우표

박정희 전 대통령이 취임한 당시부터 시작된 새마을 운동은 1980년 4월 22일에 10년을 맞게 됩니다. '잘 살아 보세'라는 구호로 시작된 새마을 운동은 농촌 생활 환경 개선 사업에 역점을 두어 농촌 환경을 크게 개선시키기도 했지요.

제11대 대통령 취임 기념우표

1980년 9월 1일은 우리나라 제11대 대통령이 취임하는 날이었습니다. 사진 속의 우표는 이날을 기념하기 위해 만들어진 것이지요. 당시 대통령에 취임했던 전두환 전 대통령의 얼굴이 우표의 우측에 있고 배경으로 횃불을 든 남자·여자와 '새 시대 새 역사'라고 쓴 글자가 보입니다.

대한적십자 창설 75주년 기념우표

액면 가격 30원의 이 우표는 1980년 10월 27일에 발행되었습니다. 구한 말 고종의 칙령에 의해 최초로 설립된 적십자사가 75주년을 맞이한 것을 기념해 만들어졌지요. 대한적십자사는 많은 이재민과 가난한 환자들에게 도움을 주었으며 남북으로 흩어진 이산가족을 위한 활동에도 힘을 기울였습니다.

출처: 우정사업본부 우표포털서비스(www.kstamp.go.kr)

최후 항쟁은
어떻게 진행되었을까?

교과 연계

한국사
IX. 대한민국의 발전과 국제 정세의 변화
  2. 민주주의의 시련과 발전
    (5) 신군부에 맞선 5·18 민주화 운동

1

해방된 광주와
5·18 수습 대책 위원회 결성

어느덧 5월로 접어들어 반소매 차림의 사람들도 보인다. 많은 사람들이 마지막 재판을 지켜보기 위해 법정을 가득 메웠다. 어떻게 판결이 날지 모두들 긴장한 얼굴이다.

판사 마지막 재판을 시작하겠습니다. 재판을 시작한 지 어느덧 한 달이 지났습니다. 지난 재판에서는 시위대에 쫓겨 공수 부대원들이 광주 시내에서 외곽으로 퇴각하기까지 양측의 입장을 들어 보았습니다. 오늘은 그 이후 상황에 대해 알아보겠습니다. 원고 측 변호인, 공수 부대가 퇴각한 이후 광주 상황에 대해 말씀해 주시겠습니까?

명석한 변호사 공수 부대의 퇴각은 전두환 피고의 교활한 꼼수에 저항한 광주 시민들의 승리였습니다. 자세한 상황을 알기 위해 당시 시민군을 이끌었던 박남선 씨를 증인으로 신청합니다.

판사   증인은 나와 주시기 바랍니다.

박남선은 두 번째로 증인석에 올라서인지 한결 여유 있는 모습이다.

명석한 변호사   바쁘신 중에 나와 주셔서 감사합니다. 당시 공수 부대가 퇴각한 뒤 광주 시민들의 반응은 어땠습니까?

박남선   공수 부대가 퇴각한 건 5월 21일 오후 8시경에야 알았습니다. 시민들은 공수 부대를 몰아냈다는 승리감에 환호를 지르고 기쁨을 감추지 못했습니다. 시민군은 광주의 치안을 담당하는 한편 폐허가 되다시피 한 거리를 정리하는 데 힘을 기울였습니다.

명석한 변호사   5월 23일에 도청 앞에서 시민 궐기 대회를 개최했다고 하던데, 당시 분위기를 말씀해 주시겠습니까?

박남선   그날 오전 10시경 광주 시민 5만여 명이 도청 앞으로 몰려들었고, 담벼락에는 '민주 시민 만세', '비상 계엄을 해제하라', '전두환 물러가라' 등의 각종 플래카드가 나붙었습니다. 도청 앞 상무관에는 많은 시신들이 무명천으로 덮여 있어서 눈물을 흘리는 분향자들이 줄을 이었고 유가족들은 오열했습니다. 한편에서는 시민군들이 여러 병원에 있는 환자와 사망자를 확인해 주었습니다.

명석한 변호사   한숨 돌린 사람들이 조금씩 안정을 찾아 갔던 것 같습니다. 그런데 광주는 외부와의 통신과 교통이 완전히 끊겨 먹을 것 등 생활필수품이 공급되지 않아 어려움에 처했을 텐데요.

박남선 광주는 해방되었지만 실제로는 고립되었다고 하는 게 맞습니다. 공수 부대가 완전히 철수한 것이 아니라 잠시 광주 외곽으로 물러난 것에 불과했으니까요. 당시 광주 시민들은 현명하게 어려운 상황에 대처해 나갔습니다. 그러지 않으면 진짜 폭동이 일어날지도 모를 일이었으니까요.

명석한 변호사 그런 상황이라면 시민들이 사재기를 하거나, 진짜 폭동이 일어나 은행, 금은방, 식료품 가게 등이 털리기도 하던데, 광주에서는 그런 일이 일어나지 않았나요?

박남선 며칠 동안 광주가 고립되면서 쌀이며 반찬거리가 바닥나 어려움을 겪어야 했습니다. 하지만 매점매석하는 행위는 전혀 없었어요. 쌀집에서는 한 번에 두 되 이상 쌀을 팔지 않았고, 담배 가게 주인은 한 사람에게 한 갑씩만 팔았지요. 모든 가게가 뜻을 같이했습니다. 은행이나 금은방이 털렸다는 얘기는 물론 전혀 듣지 못했습니다.

명석한 변호사 부상자가 많았는데 헌혈하는 사람이 줄을 이었다면서요?

박남선 중상자들이 피가 부족하여 생명이 위독하다는 소식에 광주 시민들은 너 나 할 것 없이 병원으로 달려갔고, 내가 먼저 하겠다고 아우성칠 정도였습니다. 병원이 피투성이가 된 부상자들로 넘쳐나 피가 절대적으로 부족했거든요. 그런데 5월 21일 오후에 전남 여상 3학년이었던 박금희 양이 광주 기독교 병원에서 헌혈하고 나오다가 철수하던 시위대가 쏜 총에 맞아 숨지는 안타까운 일이 일어나기도 했습니다.

불순분자

사상이나 이념이 그 조직 안의 것과 달라서 비판적으로 지적되는 사람을 가리키는 말입니다.

명석한 변호사　　　꽃다운 나이에 저세상으로 간 박금희 양에 대해 애도의 마음을 전합니다. 시위와 아무런 관련이 없는 학생까지 죽어야 했다니, 안타까운 심정에 뭐라 할 말이 없습니다.

　　　잠시 눈시울을 붉힌 원고 측 변호인이 마음을 추스르고 다시 변론에 나섰다.

명석한 변호사　　　죄송합니다. 박금희 학생 부모님의 심정을 헤아리다 보니 저도 모르게 감정이 복받쳤습니다. 광주 시민들의 놀라운 질서 의식과 시민 의식에 감동했습니다. 이러한 광주 시민들을 폭도로 몰아붙이고 북한 간첩들에 의해 폭동이 일어났다고 억지 주장을 펼친 피고를 용서할 수 없다는 생각이 듭니다. 그런데 ▶광주 시민들을 폭도라 매도하는 방송을 내보냈다고 들었습니다.

박남선　　　그렇습니다. 그동안 광주 문제를 전혀 언급하지 않던 방송과 신문이 5월 21일 밤부터 '광주 사태'라고 하면서 왜곡 보도하기 시작했습니다. TV 방송에서는 돌과 화염병을 던지는 시위대와 다친 공수 부대원들만 보여 줬고, 신문은 폭도·폭동이라는 단어로 도배된 채 심지어 간첩과 **불순분자**의 소행이라고 몰아붙였어요.

명석한 변호사　　　국민들은 광주의 선량한 시민들을 폭동을 일으킨 폭도로 인식할 수밖에 없었겠습니다. 광주 시민

교과서에는

▶ 공수 부대는 폭력을 휘두르며 학생과 시민을 대거 체포하였고, 언론을 장악한 신군부는 광주 시민을 폭도로 몰아붙였습니다.

들은 이를 어떻게 극복했습니까?

박남선 　방송과 신문 보도에 광주 시민들은 펄쩍 뛰었지만 뾰족한 수가 없었어요. 전화도 안 되고, 광주로 통하는 모든 도로는 공수 부대가 차단했기 때문에 진실을 알릴 길이 없었지요. 다행히 이번에 소송을 제기한 윤상원 씨가 『투사 회보』를 만들어 얼마나 많은 사람들이 다치고 죽었는지 알리고자 애썼습니다. 또한 ▶시민들이 자발적으로 궐기 대회를 열었고, 협상 팀을 꾸려야 한다는 의견에 따라 지역 유지와 재야인사들로 5·18 수습 대책 위원회를 만들었습니다.

명석한 변호사 　광주 시민을 대변할 5·18 수습 대책 위원회가 만들어졌다니 다행이군요. 협상은 잘 진행되었습니까?

박남선 　아닙니다. 전남북 계엄 부사령관과 협상을 벌여 '유혈을 방지하고 질서를 유지하자'는 데 의견을 모았지만, '무기를 회수, 반납하고 치안을 계엄사에 맡겨야 한다'는 요구에 시위대가 반대했습니다. 수습을 위한 아무런 해결책 없이 무조건 총을 버릴 수 없었던 것이지요.

명석한 변호사 　더 이상 희생자가 발생하지 않게 하려면 협상밖에 방법이 없었을 텐데, 쉽지 않았던 것으로 생각됩니다. 이상입니다.

판사 　피고 측 변호인, 증인 신문하시겠습니까?

모호한 변호사 　네. 시위대가 무장했기 때문에 선량한 시

「투사 회보」

광주 서구 광천동에 위치한 '들불야학'의 윤상원 등 교사와 학생들이 만든 B5 갱지 한 장짜리 유인물입니다. 5월 21일부터 25일까지 8호가 발간되었고, 『민주 시민 회보』로 이름을 바꿔 9호와 10호까지 이어졌으며, 11호는 배포되기 전에 압수됐습니다. 『투사 회보』는 5,000부, 『민주 시민 회보』는 1만 5,000부 정도가 인쇄, 배포되었습니다.

교과서에는

▶ 5월 22일 시민 수습 대책 위원회가 구성되어 자발적으로 무기를 회수하고 정부와 평화적 협상을 요구하고 나섰습니다.

민들이 다칠까 우려하여 공수 부대가 퇴각한 것입니다. 그렇다면 먼저 시민군이 무기를 반납해야 협상이 이루어지지 않겠습니까? 그런데 시위대가 이를 거부했다는 것은 협상할 의지가 없었던 것입니다.

박남선 아닙니다. 물론 총기를 반납하는 문제로 갈등이 있었던 것은 사실입니다. 그럼에도 5·18 수습 대책 위원회는 계속해서 무기 회수를 독려했고, 5월 23일에는 50퍼센트 정도 회수되었습니다.

모호한 변호사 협상이란 서로 신뢰가 밑바탕이 되어야만 성사될 수 있어요. 무기 회수가 50퍼센트밖에 안 되었다는 것은 공수 부대

왜 5·18 민주화 운동이 일어났을까?

와 계속 맞서겠다는 것이 아니고 뭡니까?

박남선　시민들을 마구잡이로 죽이던 공수 부대가 광주 외곽에서 완전히 물러나지 않았는데 어떻게 무기를 전부 반납하겠습니까?

모호한 변호사　더 이상 말해 봤자 소용이 없을 듯합니다. 이상입니다.

중학생 외아들을 잃은
홀어머니

완봉이가 평소 자전거를 하나 사 달라고 졸랐다. 시내버스를 타고 학교에 다녔는데 그것이 지겨워 그랬던 것 같다. 1980년 4월 월말 시험을 보고 나서 성적표를 가져와서는 "엄마 나 12등 했어" 하며 동복에 금배지를 달고 왔다. 하도 대견스러워, "그래, 엄마가 자전거 사 줄게. 새것은 못 사 줘도 중고라도 사 주마. 다음 달에 꼭 사 주마" 하고 약속을 했었다. 한 달만 참으면 된다고 했는데, 결국 자전거는 못 사 주고 말았다.

5월 21일 부처님 오신 날이어서 절에 가려고 했다. 아침에 완봉이에게 "밥 먹어라"고 하니 "안 먹는다"고 해서 죽을 쒀 주니 한 그릇을 먹었다. 그리고 "아무 곳도 가지 말고 집에 있어라. 잠깐 다녀오겠다"고 하니 "그러라"고 했다.

집으로 와서 보니 완봉이가 없었다. 그때가 오후 1시쯤이었다. 겁이 더럭 나서 옆집 아줌마에게 "우리 아들 어디 갔소?", "금방 여기 집 앞에 앉아 있었는데 도청 앞에 갔는가 모르겠네" 했다. 경계망이 하도 삼엄해서 도청으로 못 가고 다시 구시청으로 왔다. "어디로 갔을까?", "우리 아들이 안 들어왔소" 하며 울고 있는데, 어떤 아주머니가 허겁지겁 정신없이 뛰어왔다. "워메! 도청에 난리 났소. 세상에, 남학생 둘이 총에 맞고 쓰러진 것 봤소! 내 눈으로 보고 왔소!" 했다. 겁이 나서, "뭘 입었습디까?" "밑에는 해작 쓰봉에다 우에는 퍼렁 거 입었습디다." 기가 막혀서, "앞에 까망 줄 쳐졌습디까?" "그것까지는 못 봤소."

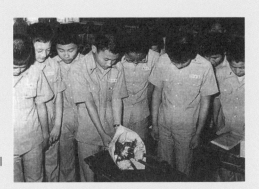

친구의 죽음 앞에 선 그들에게
5월은 무엇일까?

21일 오후 4시경 혼자서는 도저히 나갈 수가 없어서 옆집에 사는 젊은 각시와 함께 찾으러 나섰다. 적십자 병원을 나와서 전대 병원으로 갔다. 시체실에 가서 "머리 빡빡 깎은 중학생 없소?" 하니 없다고 했다. 기독 병원에 가 보려고 했으나 통행금지가 8시여서 돌아다니면 총 쏜다고 하여 그냥 집으로 들어왔다. 나는 고향이 이북이라 친척이라곤 아무도 없이 자식 네 명만 믿고 살아왔다.

1980년 5월 22일 새벽 4시 30분경, 한집에 사는 청년을 데리고 나섰다. 제발 거기에라도 있었으면 하는 마음으로 적십자 병원으로 갔다. 함께 간 청년과 함께 시체실로 갔다. 나는 도저히 들어갈 수 없어서 "자네가 한번 들어가서 있는가 찾아보소!" 문을 '땅!' 열고 들어갔다. "아짐! 아짐!" 하고 불렀다. 그 소리에 얼마나 놀랐던지, "뭣하러 나를 부른가?" 하고 나서는 그 자리에 주저앉아 버렸다. 그때 주위 사람들이 "빨리 가 보시오. 무슨 일이 있는갑소. 그래도 본인이 가서 확인을 해야지 남이 어떻게 안다요?" 용기를 내어 가 보려고 발을 떼어도 도저히 발이 떨어지질 않았다. 문을 다시 접히고 속을 보니 완봉

이의 해작 바지가 눈에 띄었고 발바닥이 보였다. 그 자리에서 기절을 해 버렸는지 사람들이 떼미고 집으로 데려다 놨다.

22일 오후 4시경, 적십자 병원 근처에 사는 아는 사람으로부터 전화가 왔다. "지금 적십자 병원에서 시체를 다 꺼내서 후문으로 내다 놨는데 다른 것은 다 태극기가 덮어져 있는데 완봉이만 태극기가 안 덮어졌소. 빨리 태극기 하나 얻어서 덮어 주시오!" 했다. 적십자 병원 후문까지 걸을 수가 없어서 기어가면서, "나 태극기 하나 주시오. 우리 아들이 죽었는디 태극기가 없소" 하며 울며 갔다.

23일 새벽 4시 30분, 옷이라도 갈아입혀 주려고 옷을 찾았다. 생활이 어려워서 겨울에 내복 한 벌도 못 사 입혔고 추리닝 바지만 입히곤 했다. 하복을 5월 27일부터 입는다고 해서 그때도 동복을 입고 다녔다. 1학년 때 맞춘 것이라서 살아 있었을 때도 작았다. 바지는 겨우 입혔으나 상의 동복은 입힐 수가 없었다. 살아서도 작았는데 죽어서 뻣뻣하니 들어가질 않았다. 그래서 팔은 뜯어 버리고 위에 걸쳐만 놓았다. (……)

— 『말』 1988년 12월 호에서 발췌

광주 봉쇄와
미니버스 총격 사건

2

판사　공수 부대가 철수하여 광주가 해방되면서 안정을 되찾는 듯 보이지만, 다른 한편으로는 광주가 철저히 외부와 단절되고 고립되어 오히려 긴장감이 높아졌던 것이 아닌가 싶습니다. 피고 측 변호인은 어떻게 생각하십니까?

모호한 변호사　당시 공수 부대가 광주 외곽으로 물러난 것은 더 이상 시위대와의 충돌을 피하고 불순분자들이 광주로 들어가는 것을 막기 위해서였습니다. 광주를 고립시키려 한 것이 아닙니다. 시간이 흐르면서 자연스럽게 시위대가 무기를 반납하고 예전처럼 질서가 회복되기를 기다렸던 것이지요.

명석한 변호사　피고 측 변호인 말을 들으면 마치 광주 시민들을 위하는 것 같지만, 실제로는 광주 시민들을 옥죄려 한 것입니다. 어떻게 외곽의 시민들에게까지 총을 쏠 수 있었는지 묻고 싶습니다.

모호한 변호사　　주남마을 사건을 말씀하시는 모양인데, 그것은 전적으로 시민군들 잘못으로 벌어진 사고였어요.

명석한 변호사　　무고한 시민들을 일방적으로 죽여 놓고 사고였다고 하면 되는 것입니까? 판사님! 당시 주남마을 앞 미니버스 총격 사건의 유일한 생존자인 홍금숙 씨를 증인으로 신청합니다.

판사　　유일한 생존자인 만큼 당시 상황을 생생하게 증언할 것 같군요. 증인은 나와서 선서해 주세요.

당시 고등학교 1학년 학생이었던 홍금숙은 오십을 바라보는 나이가 되었다. 검은 옷을 입은 그가 조용히 증인 선서를 한 뒤에 자리에 앉았다.

명석한 변호사　　다시 그날을 떠올리기 힘드실 텐데 이 자리에 나와 주셔서 감사합니다. 증인은 어떻게 해서 미니버스에 타게 되었습니까?

홍금숙　　집을 나간 오빠가 소식이 없어서 광주 시내로 오빠를 찾아 나섰다가, 나주로 돌아가는 길에 시외로 가는 버스를 타게 되었습니다.

명석한 변호사　　버스에는 몇 명이나 타고 있었습니까?

홍금숙　　저를 포함하여 여성 4명과 시민군을 포함한 남성 14명이 타고 있었습니다. 어디 가느냐고 물으니, 시신을 수습할 관이 부족해서 시외로 관을 구하러 간다고 하더군요.

명석한 변호사   당시 상황을 말씀해 주시겠습니까?

홍금숙   주남마을 입구에 들어설 즈음 도로변에서 군인 한 명이 정지 신호를 보냈지만, 운전기사는 멈추지 않았습니다. 군인들이 산에 매복한 것을 알기에 시민군이 탄 버스를 세울 수 없었던 것 같아요. 그러자 달리는 버스를 향해 총알이 날아들었습니다. 총에 타이어가 터지면서 버스가 멈췄습니다. 차 안에 있던 시민군들이 응사했

응사
적의 사격에 대응하여 마주 쏘
는 것을 이르는 말입니다.

학살
가혹하게 마구 죽이는 것을 말
합니다.

고, 공수 부대는 집중 사격을 해 왔지요. 결국 저와 청년 두 명을 제외하고 모두 버스 안에서 사망했습니다.

명석한 변호사　청년들은 어떻게 되었습니까?

홍금숙　청년들은 부상은 입었지만 정신은 멀쩡했습니다. 이들이 살려 달라고 애원했지만, 공수 부대원들은 이들을 산으로 끌고 가서 사살했습니다.

명석한 변호사　현장에서 붙잡혔다면 비록 적군일지라도 포로로 여기는 것이 제네바 협정의 기본 정신입니다. 하물며 대한민국 국민인 청년들을 죽인 것은 살인 행위요 범죄 행위입니다.

모호한 변호사　판사님, 분명히 5월 22일 12시에 계엄 사령관이 "계엄군은 폭력으로 치안을 어지럽히는 행위에 대해 부득이 자위권 조치를 취할 권한을 보유하고 있음을 경고한다"는 내용을 KBS를 통하여 방송했습니다. 그런데도 시위대가 정지 신호를 무시했기 때문에 일어난 사고였습니다.

명석한 변호사　최소한 희생된 청년들에게 애도의 뜻을 표해야 하는 것 아닙니까? 홍금숙 씨, 증언 감사합니다.

이외에도 광주에서 채소를 팔고 진도 집으로 귀가하려던 부부를 통과시켜 주지 않고, 되돌아가는 트럭에 총을 쏴서 다섯 살짜리가 총상을 입어 하반신 불구가 되었는가 하면, 저수지에서 물놀이하던 어린이들에게 총을 쏴서 두 명이 사망했습니다. 이는 공수 부대원들이 아니라 권력욕에 눈먼 피고에 의해 저질러진 학살이었습니다.

모호한 변호사　무슨 말을 그렇게 심하게 합니까? 학살이라뇨? 모두가 광주 지역의 작전을 담당했던 31사단장의 무능력에서 비롯된 것입니다.

명석한 변호사 물론 31사단장이 작전 지휘권을 가지고 있었던 것이 사실입니다. 하지만 공수 부대 대대장들은 정호용 사령관에게만 보고했기 때문에 그는 철저히 작전에서 배제되었습니다. 그런 사람에게 문제가 있었다고 떠넘기면, 피고가 광주 시민들을 학살했다는 것이 감춰집니까?

모호한 변호사 작전 명령이 두 갈래로 나뉘었다는 얘기 같은데요, 중요한 작전을 수행하는데 그럴 가능성은 극히 적다고 봅니다. 다만 공수 부대와 일반 보병 부대의 작전 방식이 달라 약간 불협화음이 있었을 것입니다.

명석한 변호사 어물쩍 넘어가려고 하지 마십시오. 전두환 피고는 자기 마음에 들지 않는다며 31사단장을 작전에서 제외시키고 전남북 계엄 사령관까지 교체하지 않았습니까? 그러고는 자위권 발동을 빙자하여 광주 시민들에게 마구 총질한 것이지요.

모호한 변호사 그들이 능력이 부족해 광주 시위를 진압하지 못했기 때문에 교체한 것입니다. 무슨 일만 있으면 피고를 들먹이는데, 피고가 그걸 어찌 알았겠습니까? 그가 작전을 지휘한 것도 아닌데……

판사 두 변호인은 사사건건 말다툼하는데, 많은 사람들이 지켜보고 있으니 주의해 주세요. 그런데 작전 중인데 지휘관을 바꿨다는 말입니까?

명석한 변호사   본래 광주 지역 시위 진압은 31사단장이 지휘했는데, 그를 제쳐 두고 소준열 소장을 전교 사령관에 임명해 그에게 작전 지휘권을 넘겼습니다.

판사   작전에 실패했다면 지휘관을 바꿀 수야 있겠지만, 왜 그랬는지 궁금하군요.

명석한 변호사   윤흥정 전교 사령관이나 정웅 31사단장은 공수 부대의 과잉 진압에 부정적이었습니다. 피고와 정호용은 육사 선배이지만 진급이 늦은 소준열 소장에게 중장으로 승진시켜 줄 테니 광주를 무력으로 진압하라고 꼬드겼던 것입니다.

모호한 변호사　광주 사태와 관련이 적은 군 인사 문제까지 여기서 왈가왈부할 필요는 없다고 생각합니다.

명석한 변호사　군 인사 문제를 거론하려고 얘기를 꺼낸 것이 아닙니다. 소준열 소장이 지휘권을 넘겨받았지만 일선 부대원들 간에는 여전히 소통이 제대로 이루어지지 못했다는 점을 말씀드리려는 것입니다.

판사　무슨 말인지 쉽게 설명해 보세요.

명석한 변호사　5월 24일 오전 9시경 11여단 병력은 20사단과 교대하고, 장갑차를 앞세우고 50여 대의 트럭으로 이동 중이었습니다. 그런데 전교 사령부 군인들이 이들을 시위대로 오인해 포를 쏘고 수류탄을 터트리고 무차별 사격해 공수 부대원이 9명 사망하고 38명이 크게 다치는 사건이 일어났습니다.

판사　부대는 달라도 지휘관은 한 명인데 서로 정보가 없어서 그런 어처구니없는 사건이 발생했다는 것입니까?

명석한 변호사　맞습니다. 두 부대 간 거리는 500미터밖에 되지 않았습니다. 육안으로도 시민군인지 공수 부대인지 식별이 가능했습니다. 공수 부대가 자신들의 이동 경로를 전교 사령부에 알리지 않고 자신들의 사령관인 정호용에게만 보고했던 것입니다.

판사　그렇다면 정호용 특전 사령관이 광주 지역의 공수 부대를 실질적으로 지휘했다는 겁니까?

명석한 변호사   그렇습니다. 정호용 특전 사령관은 11공수와 3공수 증파에 관여했고 광주를 수시로 방문하며 공수 여단 지휘관들을 독려했습니다.

모호한 변호사   원고 측 변호인은 참으로 집요하군요. 아니, 정호용 사령관이 그런 일이 없다고 하는데 그것을 끝까지 물고 늘어집니까? 증명할 자료도 없으면서 자기 마음대로 판단해서는 안 되지요.

명석한 변호사   정호용을 증인으로 부르려 했지만 더는 출석하지 않겠다고 해서 확인하지 못하는 것뿐입니다. 하지만 증명할 수는 있습니다. 증인은 5·18 민주화 운동이 종료되고 20여 일이 지난 1980년 6월 20일에 충무 무공 훈장을 받았습니다. 평시로선 가장 훈격이 높은 훈장으로, 군인에게는 가장 명예로운 일이지요. 웬만한 공로가 아니고선 받기 힘든 것입니다. 이는 정호용 사령관이 직접 작전을 지휘했다는 명확한 증거입니다.

모호한 변호사   잘은 모르겠지만, 줬으니까 받았겠지요.

명석한 변호사   판사님, 원래 훈장 얘기를 하려고 한 것이 아닙니다. 오인 사격당한 11공수 부대원들의 만행을 언급하고자 한 것이지요. 부대원들은 "폭도들의 공격으로 동료들이 전사했다"며 인근 송암동 일대 주택가에 들어가 화풀이를 했습니다. 농장에 있던 칠면조, 소 등 가축을 닥치는 대로 죽이는가 하면 주민들까지 죽게 했습니다.

3

최후까지 싸운
광주의 시민군

판사　할 말을 잃게 하는군요. 공수 부대가 작전상 후퇴한 것이라면 시위대가 장악하고 있던 도청을 탈환하고자 했을 텐데요. 그 과정에 대해서 양측 변호인의 변론을 듣도록 하겠습니다.

명석한 변호사　광주 외곽으로 잠시 물러난 공수 부대는 광주를 외부로부터 차단하는 한편, 광주 시민들을 고도의 심리 전술로 불안하게 해 흩트려 놓으려고 했습니다. 당시 상황을 원고에게 들어 보겠습니다.

판사　원고는 나와 주시기 바랍니다.

　한 달여 동안 재판이 진행되면서 윤상원은 많은 생각을 한 듯 한결 편안해 보였다.

명석한 변호사　피고를 비롯한 정호용 등 신군부가 광주 시민들을 약화시키기 위해 여러 심리 전술을 펼쳤다고 하는데, 어떤 것들이 있었습니까?

윤상원　피고는 막강한 권력으로 갖은 수단을 동원하여 광주 시민들을 궁지로 몰아세웠습니다. 먼저 꼭두각시 신문·방송을 이용하여 5·18 민주화 운동을, '고정 간첩과 깡패, 불순분자, 김대중 잔당이 조직적이고 계획적으로 지역감정을 자극하는 유언비어를 유포해 선량한 광주 시민들을 선동해서 일으킨 폭력 난동'이라 매도했습니다. 그리고 반신반의하던 광주 시민들 사이에 내분을 일으키기 위해 공작과 심리전을 펼쳤어요. 참으로 비열한 행동이었지요. 대표적인 것으로 도청 내에서의 독침 사건을 들 수 있습니다.

명석한 변호사　피고는 광주 시민들을 이간질시켜 스스로 무너지게 하려 했군요. 독침 사건에 대해 설명해 주시겠습니까?

윤상원　5월 25일 아침 8시경이었을 겁니다. 광주 시내에서 술집을 운영하던 21살의 장계범이란 자가 도청 내에서 갑자기 "독침을 맞았다!"고 소리를 쳤습니다. 이때 옆에 있던 23살의 정한규가 독을 빼는 시늉을 하더니 자신도 쓰러졌습니다. 둘은 시민군으로 도청 내에서 활동하고 있었습니다. 나는 몹시 놀라서 급히 그들을 트럭에 태워 전남대 병원으로 보냈습니다.

명석한 변호사　사실이었습니까?

윤상원　아닙니다. 장계범은 전남대 병원에서 치료받는 척하다가 도망쳤습니다. 독침을 맞았으면 최소한 며칠 치료를 받아야 하는데 갑자기 없어진 거예요. 무전기를 담당했던 정한규는 붙잡혔는데, 도청 내 상황을 공수 부대 측에 보고했던 첩자로 밝혀졌습니다. 완벽한 연극이었던 거죠.

'무정부 상태 광주 1주'라는 기사 옆에 '시위 선동 남파 간첩 1명 검거'라는 기사를 실은 일간지 (1980년 5월 25일 자)

명석한 변호사 비록 사기극으로 밝혀졌지만 그 여파가 컸을 것 같은데, 시민들의 반응은 어떠했습니까? 당시 정부는 이창룡이란 남파 간첩이 독침을 소지하고 광주로 내려가려다 서울역에서 붙잡혔다고 언론 보도를 내보낸 것으로 알고 있는데요.

윤상원   도청 내에 있던 시민군 중 상당수가 간첩이 침투했다고 소란을 일으키고는 불안해서 더는 못 있겠다며 빠져나갔습니다. 대부분 정보 요원이나 첩자들이었을 텐데요, 사실이야 어찌 되었든 광주 시민들을 불안에 떨게 했지요. 다행히 '조작된 사건'임을 신속하게 밝혀서 더 이상의 동요는 없었습니다.

모호한 변호사   판사님! 제가 사건 관련자들을 만났는데 원고와는 전혀 다른 진술을 했습니다. 원고에 대한 신문을 요청합니다.

판사   허락합니다.

모호한 변호사   원고는 도청 내에 있었기 때문에 어느 누구보다 당시 분위기를 잘 알 것입니다. 원고에게 묻겠습니다. 도청 내부에서 시민군들 사이에 많은 불신과 의심, 분열이 있었다고 하던데, 사실입니까?

윤상원   투쟁 방침을 두고 강경파와 온건파 간에 충돌이 있었지만 우려할 정도는 아니었습니다. 그리고 시민군의 투쟁 의지가 강했기 때문에 서로 의심하지는 않았습니다. 다만 막연히 도청 내에 정보

요원이나 첩자들이 있을 거라는 생각은 했습니다.

모호한 변호사　　바로 그 점입니다. 당시 두 사람은 다른 시민군들로부터 첩자로 의심받자 생명에 위협을 느꼈고, 그래서 도청에서 빠져나오려고 거짓 연극을 했다고 제게 말했습니다. 어떻게 생각하십니까?

윤상원　　글쎄요. 시민군을 도청 내에 강제로 잡아 둔 것이 아닌데, 생명에 위협을 느꼈다면 그냥 도망치면 되지 굳이 연극을 꾸밀 필요가 있었을까요? 자신들이 꾸며 낸 일을 갖고 기자들에게 간첩의 소행이라고 떠벌려 광주의 민주화 운동을 왜곡한 사람들입니다. 이래저래 믿을 수 없는 아주 몹쓸 사람들이라는 생각입니다.

판사　　피고 측 변호인은 정확한 정보로 재판에 임해 주시기 바랍니다. 원고 측 변호인, 신문을 계속해 주세요.

명석한 변호사　　박남선 증인의 말을 들으니 시민들이 무기를 반납하고 어느 정도 안정을 되찾아 가는 듯했는데, 갑자기 상황이 강경 방향으로 돌아선 것은 어떤 이유에서였습니까?

윤상원　　광주 외곽에 주둔한 공수 부대원들이 시민들을 공격했다는 소식을 듣고, 그들이 우리와 협상하려는 의지가 전혀 없다는 것을 알고 다시금 무장을 하게 되었습니다. 5월 25일 오후 9시경 **결사 항전**의 각오로 항쟁 지도부가 결성되었습니다.

명석한 변호사　　5·18 수습 대책 위원회는 더 이상 협상을 추진하지 않았습니까?

윤상원　　아닙니다. 5월 26일 새벽 5시 30분경 광주 외곽에 있던

결사 항전
죽기를 각오하고 있는 힘을 다할 것을 결심하고 적에 대항해 싸우는 것입니다.

20사단 병력이 탱크를 앞세우고 광주 시내로 들어오자, 김성용 신부를 비롯한 여러 위원들이 죽음을 각오하고 탱크를 저지하겠다고 나섰습니다. 그 뒤 전교사 부사령관과 협상이 진행되었지만 아무런 성과가 없었습니다. 그 시간에 공수 부대원들은 진압 작전 예행 연습을 하고 있었으니 협상 자체가 무의미했지요.

명석한 변호사　　그래도 시민들은 협상이 잘되기를 바라지 않았습니까?

윤상원　　그날 민주 수호 범시민 궐기 대회를 열었는데, 시민들은 협상 결과를 기대하지 않았습니다. 공수 부대를 맹렬히 규탄하며 항쟁 의지를 불태웠지요. 그날 밤 공수 부대가 공격해 올 거라는 소식에 한순간 비장한 침묵이 감돌았습니다. 날이 어두워질 무렵 누군가 〈우리의 소원은 통일〉을 부르자 다들 눈물을 훔치며 따라 불렀고 시가행진을 했습니다.

명석한 변호사　　마음이 찡합니다. 도청 안에 있는 사람들도 마음이 착잡했을 텐데요. 무엇이 그들로 하여금 무기를 버리지 않고 끝까지 저항하게 만들었을까요?

윤상원　　물론 우리는 패배하리라는 걸 잘 알고 있었습니다. 죽을 수도 있었지요. 하지만 저항하지 않고 계엄군을 맞아들인다는 건 지난 며칠 동안의 항쟁에서 희생된 분들에 대한 예의가 아니었습니다. 누군가 끝까지 도청을 사수해야만 했습니다. 그러다 보면 언젠가 민주주의가 분명히 다시 살아날 거라고 믿었습니다.

　5월 26일 밤, 끝까지 투쟁할 150여 명만 남고 나머지는 집으로 돌

　왜 5·18 민주화 운동이 일어났을까?

아갔습니다. 남은 이들 중 80명 정도는 예비군이었고 나머지 70여 명은 청년과 학생들이었는데, 여학생도 10여 명이나 되었지요. 5월 27일 새벽 2시경, 공수 부대와 외곽에 있던 시위군 간의 간헐적인 총소리가 점점 가까워질 즈음 가냘픈 여성의 목소리가 가슴을 저리게 했습니다.

"시민 여러분, 지금 계엄군이 쳐들어오고 있습니다. 우리를 도와 주십시오. 우리는 끝까지 광주를 사수할 것입니다. 최후까지 싸울 것입니다. 시민 여러분, 우리를 잊지 말아 주십시오."

명석한 변호사 그 목소리를 들은 시민들은 밤잠을 이루지 못했을 것 같습니다.

윤상원 5월 27일 새벽 4시경, 정전이 되면서 도청은 암흑으로 변했습니다. 공수 부대 장갑차에 설치된 서치라이트가 도청 건물을 비추고, "폭도들에게 경고한다. 너희들은 현재 완전히 포위되었다. 무기를 버리고 항복하라!"는 방송이 흘러나왔지만, 어느 누구도 흔들리지 않았습니다. ▶결국 총격전이 벌어졌고, 저를 비롯한 14명이 죽었습니다.

명석한 변호사 감사합니다.

한순간 법정이 숙연해졌다. 명석한 변호사는 울먹이는 듯한 표정으로 더 이상 말을 잇지 못하고 변호인석에 앉았다.

판사 도청에서 공수 부대원의 총탄에 맞아 희생된 자신의 일을 증언하기 힘들었을 텐데, 끝까지 이성을 잃지 않고 증언해 주셔서 감사합니다. 피고 측 변호인, 증인 신문하시겠습니까?

모호한 변호사 아닙니다. 다만, 무기를 전부 반납하고 계엄군에게 항복했으면 더 이상의 희생자는 나오지 않았을 것이라는 안타까운 마음이 듭니다.

판사 원고가 5월 27일 공수 부대의 진압 작전에 대해 증언하지 않았기 때문에 이를 밝히고 나서 오늘 재판을 끝내겠습니다.

교과서에는

▶ 계엄군은 탱크와 헬기까지 동원하여 시민군을 무자비하게 진압하고, 결국 전남 도청을 장악하였습니다. 5월 27일의 일이지요.

명석한 변호사   마지막으로 이희성 계엄 사령관을 증인으로 신청합니다.

판사   증인은 나와서 선서해 주세요.

피고가 시키는 대로만 했는데 자신의 이름이 자꾸 거론되는 것이 부담스러운지, 이희성은 잔뜩 찌푸린 얼굴이다. 원고 측 변호인이 하도 설득을 해서 법정에 나오고 보니 발걸음이 무겁기만 하다.

명석한 변호사   먼저 간단히 자기소개를 해 주십시오.

이희성   나는 육군 참모 총장 겸 '광주 사태' 당시 계엄 사령관이었습니다.

명석한 변호사   이제 진실을 밝혀 죽은 자들의 영혼을 달래고 평가는 역사에 맡기는 게 어떻겠습니까? 증인께 묻겠습니다. 5월 27일 도청 공격 작전명이 '상무 충정 작전'이었다고 하던데, 작전 계획은 언제, 어떻게 작성되었습니까?

이희성   내가 살면 얼마나 더 살겠소.

전두환이 도청에 있는 시민군을 무력으로 조속히 진압해야 한다고 해서, 5월 23일 오전 9시경 육군 참모 총장실에서 참모 차장, 여러 참모 부장, 계엄사 참모장, 제2군 사령관 등과 같이 작전을 세웠습니다.

명석한 변호사   '상무 충정 작전'이 피고에 의해 구상되고 결정되었다는 말씀이신가요?

이희성　　　그렇소이다. 나는 5월 25일 새벽 4시쯤 '상무 충정 작전' 지침을 마련했고, 그날 점심 무렵에 전두환과 국방부 장관 등과 함께 지침을 검토한 뒤 5월 27일 0시 1분에 작전을 개시하기로 했습니다.

그 순간 방청석에서 피고 전두환을 내쳐야 한다는 고함 소리가 들렸다. 피고 전두환이 증인인 이희성을 똑바로 보고 있었다. 하지만 이희성은 아랑곳하지 않았다.

명석한 변호사　　　그날 최규하 대통령이 광주로 내려가지 않았습니까?
이희성　　　나와 국방부 장관이 대통령께 '상무 충정 작전'을 보고했고 광주 방문을 건의했어요. 당시 광주 시민들은 대통령이 다녀간 걸 몰랐을 겁니다. 잠깐 동안이었고 광주 시내를 둘러보지도 않았으니까요. 아마 그날 저녁 KBS 9시 뉴스에 방송된 대통령의 특별 담화문을 보고 알았을 것입니다. 물론 담화문은 미리 녹음한 것을 보여 준 것이지요.
명석한 변호사　　　대통령의 담화문에는 5·18 민주화 운동의 원인과 근본적인 치유 방법에 대한 얘기가 전혀 없어서 광주 시민들이 실망했다고 하던데요. 대통령이 광주에 내려갔으면 시위 현장도 둘러보고 그래야 하는 것 아닙니까? 아무런 실권이 없었다고 할지라도 한 나라의 대통령인데요?
이희성　　　대통령이 광주에 다녀왔다는 그 자체가 중요했을 뿐입니

● 최규하 대통령의 특별 담화문 (1980년 5월 25일)

친애하는 광주 시민 여러분! 내가 우리나라의 대통령 최규하올시다. (……) 그동안 이 사태로 인해서 희생을 당하신 분은 말할 것도 없고 그 가족의 슬픔은 얼마나 크겠습니까? 또 절대 다수의 광주 시민 여러분들은 치안 부재 상황에서 나날을 불안 속에서 보내고 계시고 또 일상 생활에서도 이루 말할 수 없는 어려움을 겪고 계시리라고 생각합니다. 그 원인이야 어쨌든 이러한 상태가 계속되어서야 되겠습니까? 이것이 오래 계속되면 누가 잘잘못이라는 것을 따질 겨를도 없이 우리 대한민국의 국가 안위에 관계되는 중대 사태가 될 위험성마저 있는 것이 사실입니다. 어떠한 문제로 인한 일시적인 감정이나 또는 흥분으로 말미암아 난동에 가담한 사람들, 특히 청소년들은 그 결과가 어떠한 것이 될지 이성을 되찾고 냉정히 다시 한 번 생각해 주시기 바랍니다. (……) 우리가 항상 잊어서는 안 될 일은, 이러한 우리의 대결 상황을 북한 공산 집단이 악용하고자 할 게 틀림없는 사실임을 알아야 되리라고 생각합니다.

아무쪼록 냉정과 이성을 되찾고 일시적인 격흥에 의해서 총기를 들고 다니는 청소년 여러분들은, 지금이라도 늦지 않으니 총기를 반환하고 집으로 돌아가서 부모, 형제, 자매들을 안심시켜 주시기 바랍니다. 그리하여 치안을 회복하는 데 협력해야 될 것입니다. (……)

다. 군이 대통령에게 시위 현장까지 보여 줄 필요는 없었던 것이죠.

명석한 변호사   그렇다면 대통령이 광주를 직접 다녀간 뒤 특별 담화문을 통해 광주 시민들에게 문제가 있는 것처럼 비쳐지게 해서, 이것으로 광주 무력 진압의 정당성을 확보하려고 했다는 얘기입니까?

모호한 변호사   판사님, 이의 있습니다. 원고 측 변호인은 대통령이 광주 시민들을 걱정해 방문한 것을 자기 멋대로 변론하고 있습니다.

명석한 변호사   아닙니다. 그날 오후부터 공수 부대 작전이 시작된 것과 연관성이 없다고 할 수 없습니다. 즉시 작전 지휘권을 가지고 있던 소준열 전교 사령관에게 피고의 작전 지도 지침이 전달되었고, 정호용 사령관과 함께 구체적인 작전 계획을 수립했습니다. 이에 관한 내용이 재향 군인회에서 작성한 『12·12, 5·18 실록』에 자세히 실려 있습니다.

판사   그럼 5월 26일 새벽 5시, 대통령이 광주를 다녀간 바로 다음 날 20사단 병력이 탱크를 앞세워 광주로 진입하고자 했던 것도 작전의 일환이었다는 것인가요?

명석한 변호사   맞습니다. 증인에게 묻겠습니다. 『12·12, 5·18 실록』에 따르면 정호용 사령관이 5월 26일 오전에 피고를 방문한 뒤 작전 계획을 보고하고, 오후 2시쯤 증인을 방문하여 충격용 수류탄과 항공 사진 등을 받아 갔다고 하는데, 사실입니까?

이희성   그렇습니다.

명석한 변호사   증인이 피고가 앞에 있어서 제대로 증언을 못하는 것 같습니다. 여하튼 정호용 사령관이 5월 26일 밤 9시에 광주에 도

착해서 각 부대에 장비를 분배했고, 다음 날 새벽 0시 1분을 기해 작전이 개시되었습니다. 이 작전에 무려 2만여 명의 병력이 동원되어 새벽 4시에 도청에 있던 150여 명의 시민군들을 공격했지요.

판사 10일 만에 끝났는데, 피고가 얻은 것은 무엇이었다고 생각합니까?

명석한 변호사 피고가 원했던 대로 국민들은 광주 시민들을 폭도로 인식했고, 피고는 이들을 물리친 위인으로 포장되었습니다. 그가 정권을 잡으면서 그의 모든 죄악은 감춰져 버렸고 진실은 묻히고 말았습니다.

판사　감사합니다. 잘 들었습니다. 오늘로서 세 번에 걸친 재판이 모두 마무리되었습니다. 양측 모두 자신의 입장을 십분 변론해 주셨습니다. 양측 변호인과 여러 증인들, 방청객 여러분, 모두들 수고하셨습니다. 잠시 휴정했다가 원고와 피고의 최후 진술을 듣도록 하겠습니다.

성공한 쿠데타도 처벌된다

1993년 5월 김영삼 대통령은 "광주에서의 유혈은 민주주의의 초석이고 현 정부는 그 연장선상에 선 민주 정부다"라고 하는 '5·18 특별 담화'를 발표했습니다.

1995년 11월 '역사 바로 세우기'가 제기된 뒤에 1996년 3월 '세기의 재판'이라 불렸던 '12·12 및 5·18 사건'에 대한 첫 공판이 열렸습니다. 전직 대통령 두 사람이 각각 반란 및 내란 수괴 혐의(전두환)와 반란 및 내란 중요 임무 종사 혐의(노태우)로 나란히 피고인석에 섰지요. 12·12에서 5·18에 이르는 반란과 내란의 과정을 거쳐 '성공한 쿠데타' 세력에 대해, 상황이 종료된 지 16년이나 흐른 뒤에 사법적 서막이 오른 것입니다.

1996년 8월 '전두환 사형, 추징금 2,223억 원', '노태우 무기 징역, 추징금 2,838억 원'이 구형되었습니다. 검찰은 불행한 과거사를 청산해야 한다는 국민적·시대적 요청에 따라 구형했다고 밝혔습니다. 그리고 12·12 사건은 소수 정치군인에 의한 '하극상의 군사 반란 사건'으로, 5·18 사건은 헌정 질서를 파괴하고 무고한 사상자를 발생케 한 '내란 및 반란 사건'으로 규정했습니다.

1997년 4월 17일 전두환은 대법원에서 열린 2심 재판에서 무기 징역 및 추징금 2,205억 원을 최종 선고받았습니다. 하지만 제15대 대통령 선거 직후인 1997년 12월 22일, 대통령 김영삼이 국민 대화합을 명분으로 관련자를 모두 특별 사면하여 두 전직 대통령은 구속 2년여 만에 출옥했습니다.

다알지 기자

안녕하십니까? 역사공화국 법정 뉴스의 다 알지 기자입니다. 오늘 1개월 만에 최후 진술과 판결을 남겨 두고 5·18 민주화 운동 관련 마지막 재 판이 끝을 맺었는데요. 재판 마지막에 이희성 전 참모 총장께서 양심 선언 비슷한 발언을 하자 전두환 피고의 얼굴이 굳으면서 매우 불쾌한 심사를 드러냈습니다. 한편 원고인 윤상원 씨는 최후 항쟁의 이유를 "항쟁에서 희생된 분들에 대한 예의"였다고 말해 주목받았습니다. 모 든 재판 과정을 지켜본 두 대학생을 모시고 그동안의 재판에 대해 얘 기를 들어 보도록 하겠습니다.

나진보

저는 〈임을 위한 행진곡〉을 듣고 윤상원 선생님의 팬이 된 사람입니다. 전에 신문에서 5·18 기념식장에서 〈임을 위한 행진곡〉 대신 생뚱 맞게 〈방아타령〉을 틀었다는 기사를 읽고 참으로 황당했습니다. 생각이 다르고 이념이 다르다고 하여 5·18 민주화 운동의 본질을 훼손시킬 수는 없다고 생각했지요. 그 뒤 인터넷을 뒤져 그 주인공이 윤상원 선생님이라는 사실을 알게 되었고, 그의 삶을 들여다보면서 그를 존경하게 되었어요.

그동안 재판을 지켜보면서 내가 지금 누리는 민주주의가 그냥 얻어진 것이 아니라 많은 사람들의 소중한 희생에서 비롯된 것임을 깨닫고 이를 더욱 발전시켜 나가야겠다는 사명감을 가지게 되었습니다. 윤상원 선생님, 끝까지 응원하겠습니다. 힘내십시오.

나보수

　　우리나라는 독일의 베를린 장벽이 무너진 뒤 세계 유일의 분단국가가 되었습니다. 수십 년 동안 남한과 북한은 경쟁했고 언제부턴가 남한이 여러모로 북한을 앞질렀지만 북한은 남침 야욕을 버린 적이 없습니다. 1980년의 '광주 사태'는 박정희 대통령 서거 이후 나라를 더욱 혼란스럽게 만들었습니다. 저는 그때 살지는 않았지만, 그 틈을 이용해 북한이 쳐들어올 수도 있었다고 생각합니다. 아주 끔찍한 일이 벌어질 뻔했습니다. 그런데 전두환 씨가 사람들을 희생시켰다고 욕을 먹는 것을 보고 안타깝게 여겼습니다. 오히려 나라의 안위를 지키고 대한민국 대통령으로도 일했으니 고마워해야 한다고 생각합니다. 재판에서 반드시 승소할 거라고 믿습니다.

민주주의를 꽃피우고 싶었습니다
vs
나의 애국심을 알아 주시오

판사 한 달여 동안 세 번의 재판을 통해 원고와 피고 측의 변론과 증언을 들었습니다. 마지막으로 원고와 피고의 최후 진술을 듣도록 하겠습니다. 먼저 원고부터 말씀해 주십시오.

윤상원 이번 재판을 여는 데 여러모로 수고해 주신 여러분께 감사하다는 말씀을 드립니다. 제가 어렵게 이승에 왔는데 미처 인사드리지 못한 분들이 많습니다. 이해해 주시리라 생각합니다.

　한 달여 동안 재판을 받으면서 전두환 피고를 비롯해 그의 측근들까지 여전히 변함없다는 사실에 놀랐습니다. 이제 다들 여든을 넘겼는데 자신들의 과오를 전혀 반성하지 않고 있어서 부아가 치밉니다. 더욱이 재판을 준비하면서 자료들을 수집하다 5·18 민주화 운동을 폄하하려는 세력이 적지 않다는 사실을 알고 충격을 받았습니다. 당시에도 전두환 피고 등이 우리를 폭도로 내몰고 제거해야만 하는 사회악으로 치부하여 무척 힘들었는데 말이죠.

광주 시민들은 1980년 5월, 오랜 독재 끝에 민주주의가 이 땅에 뿌리 내리게 하기 위해 피고를 비롯한 신군부에 맞서 싸웠습니다. 이 점을 분명히 기억해 주십시오. 피고는 자신의 지위와 권력을 이용하여 12·12 군사 반란을 일으켰고 급기야 전국을 계엄령의 공포 속으로 몰아넣더니 광주 시민들을 무참히 짓밟았습니다. 시위대뿐만 아니라 어린 초등학생, 무고한 시민들까지 희생되었지요. 우리는 그들의 무자비한 탄압에 총을 들지 않을 수 없었습니다. 어떻게든 스스로를 지켜 내야 했고 민주주의를 살려 내야 했습니다.

공수 부대원들이 도청을 포기하고 광주 시외로 물러났지만 총부리를 거두지는 않았습니다. 우리는 전두환은 물러나라고 요구하며 죽음을 각오하고 싸웠습니다. 결국 도청이 공수 부대에 의해 점령되면서 10일 간의 우리의 항쟁은 끝나고 말았습니다. 우리의 희생은 피고가 대통령이 되면서 묻혔고 우리들은 폭도로 매도되고 말았지요. 하지만 그 뒤 매년 5월은 민주주의를 외치는 함성으로 가득했습니다. 저승에서 비록 나서지는 못했지만, 우리도 힘껏 응원하고 지지했습니다.

1987년 6월, 비로소 독재 권력의 고리가 끊어졌습니다. 우리는 환호했고, 이제 원한을 풀 수 있겠구나 하는 생각에 기쁨의 눈물을 흘렸습니다. 바람은 헛되지 않아 광주 청문회가 열렸고 피고 등은 재판을 받아 감옥에 갔습니다. 우리의 명예도 회복되었고 '광주 사태'

는 '5·18 민주화 운동'으로 자리매김하였습니다. 이번 재판을 통해 5·18 민주화 운동에 대한 더 이상의 논란이 없었으면 하는 바람을 가져 봅니다. 더욱이 피고 전두환은 숨김없이 역사 앞에서 진실을 밝히고 양심적으로 사죄해야 한다고 생각합니다. 감사합니다.

판사 5·18 민주화 운동으로 우리나라의 민주주의를 꽃피우고자 목숨까지 던진 원고와 광주 시민들에게 경의를 표합니다.

다음으로 피고의 최후 진술을 듣겠습니다.

전두환 내가 왜 역사공화국 영혼 재판에 서게 되었는지 모르겠습니다. 지난날 광주 청문회에서 충분히 모욕당했고 감옥에서 치욕을 겪었으면 됐지, 지금 다시 그 문제를 왜 꺼내는지 모르겠습니다. 나는 오로지 내 나라, 내 민족의 발전을 위해 일생을 바친 사람입니다. 20여 년간 군인으로 살았고 7년간 대통령으로서 이 나라의 국정을 책임졌습니다.

1979년 유신 헌법이 뭐 어떻다고 부마 민주 항쟁이 일어나 나라가 어수선해지더니, 결국 내가 평소 존경하던 박정희 대통령이 시해되셨습니다. 이때 내가 보안 사령관으로서 합동 수사 본부장을 맡게되어 대통령을 시해한 범인을 체포하고 이에 가담한 자들을 수사하는 데 최선의 노력을 다했어요. 정승화 참모 총장은 내 상관이었지만 시해 사건에 연루되어 어쩔 수 없이 연행해야만 했습니다. 그런데 훗날 이를 12·12 군사 반란이라고 떠들어 대니 참 어처구니없었습니다. 또한 이를 두고 최규하 대통령에게 허락을 받았느니 안 받았느니 따지고 드는데 뭐라 할 말이 없었습니다. 중요한 사건을 처리하는데 절차가 그리 중요한 겁니까? 너무 급박한 상황이어서 순서를 바꿨을 뿐인데 말이죠.

이뿐만이 아닙니다. 김대중, 김영삼, 김종필 등은 자기들이 정권을 잡으려고 혈안이 되어 있고 학생들은 민주주의를 외치고 하는데 정신없었습니다. 어느 누구도 북한이 쳐들어올 수 있다는 건 생각 안 하고 자기들 밥그릇만 챙기는 것을 보고, 진정으로 나라를 사랑하는 사람은 나밖에 없구나 하는 생각이 들었습니다. 나라를 구하기 위해 계엄령을 전국으로 확대시키고, 정국을 소란스럽게 만드는 소위 3김을 연행하거나 집에서 꼼짝 못하도록 했습니다.

그런데 이런 나의 애국심을 몰라주고 뜬금없이 나더러 물러나라고 시위를 하는 거였어요. 더욱이 광주에서는 쉴 새 없이 시위를 벌여 나라가 혼란에 빠질 지경에 이르렀습니다. 이때 국방부 장관, 이희성 참모 총장, 정호용 특전 사령관 들이 뜻을 같이하여 '광주 사태'를 잘 해결하였습니다. 이때 좀 불미스러운 일이 일어났던 모양인데, 내가 지시해서 그랬다고 우기는 바람에 꼼짝없이 감옥에 갔다 온 게 아닙니까? 나는 광주 문제와는 아무런 상관이 없어요. 그런데 국민들이 '광주 사태'를 잘 해결해 줘서 고맙다고 성원을 보내 주는 바람에, 조금 멋쩍었지만 그 덕분에 대통령이 되었습니다. 이어 국민들의 전폭적인 지지를 받아 7년 단임제를 골자로 하는 헌법이 통과되어 더 이상 독재 정권이 들어서지 않게 되었지요. 이쯤 되면 나도 민주주의를 위해 애썼지 않습니까?

다시 한 번 말씀드리지만, 영혼 재판을 받는 것에 대해 유감이 많습니다. 더욱이 내가 죽으면 국립묘지에 들어가지 못하게 하라고 요구했다는 얘기를 듣고 참 황당했습니다. 나라 법에, 죄를 지었다 할지라도 사면, 복권되면 국립묘지에 안장될 수 있다는 점을 말씀드립니다. 충분히 고려해 주시기 바랍니다. 감사합니다.

판사　감사합니다. 원고와 피고가 자신들의 생각을 충분히 진술한 것 같습니다. 재판에 참여해 주신 분들 모두 수고하셨습니다. 그동안의 재판을 객관적이고 공정하게 판단하여 4주 후에 판결을 내리도록 하겠습니다. 이만 재판을 마칩니다.

땅, 땅, 땅!

역사공화국 한국사법정 재판 번호 59 윤상원 vs 전두환

주문

역사공화국 법정은 원고 광주 민주화 운동 희생자 연합회(회장 윤상원)가 피고 전두환을 상대로 벌인 재판에서 원고 일부 승소 판결한다.

판결 이유

원고 광주 민주화 운동 희생자 연합회(회장 윤상원) 회원들은 피고 전두환의 비민주적 절차에 의한 정권 창출에 반대하다 희생된 것이 인정된다. 연합회 회원들은 불순 세력이나 북한 간첩 등의 지령에 따라 움직인 것이 아니라, 선량한 시민들로서 피고에 의한 독재 권력에 맞섰고 이를 민주화 운동으로 승화시켜 나간 것으로 보이며, 따라서 이들은 폭도가 아니고 민주 열사임을 인정한다.

피고는 권력욕이 앞서 비민주적인 방식으로 권력을 차지하려 했고 이 과정에서 많은 사람들이 희생되었다. 피고가 자신은 5·18 민주화 운동과 무관하다고 하지만, 증인 진술과 증거들로 미루어 12·12 사태 이후 피고가 대통령이 되기까지의 주요 과정들은 피고에 의해 주도된 것이 명백하다고 판단된다.

이에 피고는 원고 측이 요구하는 대로 생을 마칠 때까지 백담사에

기거하면서 매일 '사죄 글'을 쓰고 희생자들의 넋을 위로해야 한다. 다만 피고의 국립묘지 안장 문제는 대한민국 국회가 '내란죄 및 군사 반란 등으로 인해 형을 받은 뒤 특별 사면 및 복권이 되었을지라도 국립묘지에 안장할 수 없다'고 법을 개정해야 되기 때문에 판결을 유보한다.

역사공화국 한국사법정 담당 판사 공정한

"광주는 민주화의 성지로
거듭날 것입니다"

광주 민주화 운동 희생자 연합회 회장 윤상원과 정승화 총장이 법정에서 나오자 5·18 관련 단체 회원들이 환호하며 승소를 축하해 주었다. 윤상원은 고개를 숙여 인사하였다.

"5·18 민주화 운동과 관련된 모든 사람들의 승리입니다. 감사합니다."

옆에 있던 저승사자가 재촉했다.

"회장님, 이제 돌아가셔야 합니다. 그러지 않으면 영원히 지옥에 떨어지고 맙니다."

"걱정 마십시오. 아직 시간이 있으니 변호사와 재판에 출석했던 증인들과 함께 예전에 우리가 시위했던 장소 몇 군데만 잠시 둘러보고 떠납시다."

5·18 민주화 운동의 희생자들이 묻힌 국립묘지의 입구 '민주의 문'

　윤상원은 사람들과 함께 명석한 변호사에게 미리 부탁해 두었던 미니버스에 올랐다. 미니버스에서 내리지는 못하고 전남대, 광주역, 금남로, 5·18 기념 공원 등을 들른 뒤, 해가 떨어지기 전에 서둘러 망월동 묘지로 향했다. 가는 도중에 어느 누구도 입을 열지 않았다. 이제 진짜 헤어져야 한다는 아쉬움과 슬픔에 젖어 말을 못 꺼내는 것이었다. 그저 침묵으로 서로를 위로하는 듯했다.

　드디어 묘지에 도착했다. 예전과 달리 깔끔하게 단장된 국립묘지다.

　한옥의 고운 선을 살린 '민주의 문' 앞에 내린 윤상원이 국립묘지를 먼 시선으로 바라봤다. 이윽고 윤상원이 입을 열었다.

　"광주는 민주화의 성지로 거듭날 것입니다. 아무쪼록 후손들에게 우리의 희생이 헛되지 않았음을 가르쳐 주시기 바랍니다. 괜한 짐을

남겨 드리고 가는 것 같아 발걸음이 무겁습니다. 감사합니다."

다시 한 번 고개를 숙여 인사한 뒤, 윤상원은 정승화와 함께 저승 사자의 안내를 받으며 묘지 쪽으로 걸어갔다. 다른 사람들은 눈물을 흘리며 〈임을 위한 행진곡〉을 부르면서 그의 마지막 길을 함께했다.

사랑도 명예도 이름도 남김 없이
한평생 나가자던 뜨거운 맹세

동지는 간 데 없고 깃발만 나부껴
새날이 올 때까지 흔들리지 말자
세월은 흘러가도 산천은 안다
깨어나서 외치는 뜨거운 함성
앞서서 나가니 산 자여 따르라
앞서서 나가니 산 자여 따르라.

광주의 5월을 기억하는
5·18 자유 공원

5월은 가정의 달입니다. 어버이날도 있고 어린이 날도 있고, 스승의 날, 부부의 날도 있지요. 또한 결코 잊지 말아야 할 가슴 아픈 날도 있습니다. 바로 5월 18일로, 1980년 광주에서 민주화 운동이 일어난 날입니다.

전라남도 광주에 가면 참혹했던 당시를 되돌아볼 수 있는 곳이 많습니다. 5·18 민주 광장과 국립 5·18 민주 묘지, 5·18 기념 문화관과 시위 현장이었던 도청 앞이나 금남로가 있지요.

그중 광주시 서구의 5·18 자유 공원에서는 한눈에 5·18 민주화 운동을 이해하고 느껴 볼 수 있습니다. 크게 전시관과 재현 공간으로 구분되어, 전시관에서는 5·18 민주화 운동에 관한 기록과 자료를 둘러볼 수 있고, 재현 공간에서는 1980년으로 돌아가 역사를 직접 느껴 볼 수 있습니다. 또 시위 도중 사람들이 연행되어 간 상무대 건물과 그곳의 생활상도 그대로 재현되어 있지요. 특히 시위에 참가한 시민들에게 군사 재판을 했던 영창과 법정, 군인 막사 등이 복원되어 있고 당시의 모습을 보여 주는 마네킹들이 있어 섬뜩함마저 느껴집니다. 영창에 투옥된 시민들은 아침 6시부터 저녁 10시까지 하루 16시간을 부동자세로 앉아 있어야 했고, 그러지 않으면 구타당했다고 합니다. 한 방의 수용 인원이 많게는 150명이었다니 그 고통은 이루 말할 수 없었겠지요. 5·18 기간에는 6개의 감방으로 이루어진 영창에서 체험을 할 수도 있습니다. 특히 공원 내에 재현된 법정 건물은 1980년 8월에 급하게 만들어진 것으로, 당시 광주가 통신이 차단된 만큼 외부에 진상이 알려지지 않도록 상무대 안에 법정을 만들어 5·18 민주화 운동과 관련된 사람들을 재판했던 곳입니다. 421명에 대한 약식 재판이 진행되어 과중한 벌을 주었던 바로 그곳입니다.

찾아가기 **주소**   광주광역시 서구 상무평화로 13(치평동)
        관람 시간 봄~가을 ▶ 09:00~18:00, 겨울 ▶ 09:00~17:00
                  (시설 관람 외 단순 탐방은 이용 시간 제한 없음)
        문의   062)233-9370(광주종합관광안내소)

5·18 자유 공원 내 재현된 영창

5·18 자유 공원 내 전시물

『역사공화국 한국사법정 59 왜 5·18 민주화 운동이 일어났을까?』와
관련한 논술 문제를 풀어 봅시다.

※ 다음 제시문을 읽고 물음에 답하시오.

(가) '광주 일원 소요 사태'
　　'전남대생 시위 때 군경과 충돌하며 과격화……무기고 습격'
　　'간첩 용의자 3명, 시민이 잡아 인계'
　　'북괴 도발 대비'
　　'안보적 중대 사태'
(나) '광주 시외 전화 불통, 교통 두절'
　　'시민 대표 협상안'
　　'광주 사태 돌파구 기미'
　　'대책 강구……군경, 민간인 사망'

1. (가)와 (나)는 1980년 당시 일간지들이 다룬 광주 관련 기사의 제목
   들을 나열한 것입니다. 동일한 사건인 '5·18 민주화 운동'을 놓고 보
   도의 내용은 차이를 보였습니다. 이러한 언론의 시각을 보고 언론의
   중요성에 대해 쓰시오.

※ 다음 제시문을 읽고 물음에 답하시오.

2007년 5월, 5·18기념 재단이 '5·18을 어떤 역사적 사건으로 기억하는가'라는 설문 조사를 전국에 거주하는 만 20세 이상 남녀 1500명을 대상으로 실시한 결과 41.9%가 5·18을 '민주화 운동'으로, 34.2%는 '민중 항쟁'으로 기억한다고 답하였습니다. 하지만 10.2%는 '폭동'으로, 6.7%는 '사태'로 각각 기억하고 있는 것으로 나타났습니다.

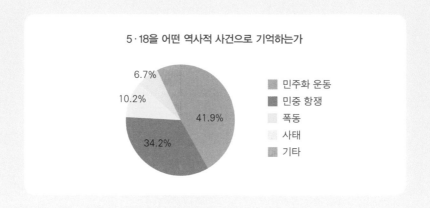

5·18을 어떤 역사적 사건으로 기억하는가

6.7%
10.2%
41.9%
34.2%

■ 민주화 운동
■ 민중 항쟁
□ 폭동
□ 사태
▨ 기타

2. 위의 내용과 표를 보고 역사적 사건을 보는 시각의 차이가 생길 수밖
   에 없는 이유에 대한 자신의 생각을 쓰시오.

왜 5·18 민주화 운동이 일어났을까?

해답 1 기사의 제목만 보면 기사의 내용을 짐작하고, 기사를 쓴 시각을 알 수 있습니다. 5·18 민주화 운동이 일어났을 당시 신군부는 언론을 탄압하였고, 광주의 진실이 다른 곳에 알려지지 않기를 바랐습니다. 그래서 일부 언론에서는 신군부의 입장에 서서 (가)와 같이 편파적인 보도를 하기도 했지요. 시위대를 가리켜 '간첩'이나 '북괴'라 지칭하기도 했습니다. 하지만 (나)의 기사 제목을 보면 당시의 상황을 객관적으로 보고 양쪽의 피해 사실을 다루고 있습니다. 그런데 언론이 사실을 제대로 전달해 주지 않으면 언론을 접하는 국민들은 많은 부분을 오해하고 진실을 외면할 수밖에 없습니다. 언론은 진실의 창이 되어야 하는 이유입니다.

해답 2 우리가 직접 경험하지 못한 역사를 이해함에 있어서 개개인은 받아들이는 입장이 다를 수밖에 없습니다. 특히 5월 18일부터 27일까지 광주 시민들이 전개한 민주화 항쟁의 경우 한국 현대사 최대의 사건으로 평가받고 있으며 광주 사태·광주 민중 항쟁·광주 민중 봉기 등 여러 이름으로 불렸으나 1988년 이후 5·18 민주화 운동으로 정식화될 정도로 논란이 많기 때문에 더더욱 그러하지요. 그런데 이렇게 시각의 차이가 생기는 데에는 출판, 언론 등도 많은 영향을 미칩니다. 책이나 신문, 방송에서 사용하는 용어, 담고 있는 내용에 따라 사람들이 이를 무비판적으로 받아들일 수 있기 때문입니다.

역사공화국 한국사법정 59

왜 5·18 민주화 운동이 일어났을까?

© 이계형, 2012

초판 1쇄 발행 2012년 1월 17일
초판 8쇄 발행 2022년 12월 1일

지은이   이계형
그린이   남기영
펴낸이   정은영

펴낸곳   (주)자음과모음
출판등록   2001년 11월 28일 제2001-000259호
주소   10881 경기도 파주시 회동길 325-20
전화   편집부 (02)324-2347 경영지원부 (02)325-6047
팩스   편집부 (02)324-2348 경영지원부 (02)2648-1311
이메일   jamoteen@jamobook.com

ISBN   978-89-544-2359-5 (44910)

• 이 책은 저작권법에 따라 보호받는 저작물이므로 무단 전재와 무단 복제를 금하며,
  이 책 내용의 전부 또는 일부를 이용하려면 반드시 저작권자와 (주)자음과모음의 서면 동의를 받아야 합니다.
  허가를 받지 못한 일부 사진에 대해서는 저작권자가 확인되는 대로 게재 허락을 받고 사용료를 지불하겠습니다.
• 책값은 뒤표지에 표시되어 있습니다.
• 잘못된 책은 교환해드립니다.

철학자가 들려주는 철학 이야기 (전 100권)

아이들의 눈높이에 맞춘 철학 동화!
책 읽는 재미와 철학 공부를 자연스럽게 연결한 놀라운 구성!

대부분의 독자들이 어렵게 느끼는 철학을 동화 형식을 이용해 읽기 쉽게 접근한 책이다. 우리의 삶과 세상, 인간관계에 대해 어려서부터 진지하게 느끼고 고민할 수 있도록, 해당 철학 사조와 철학자들의 사상을 최대한 풀어 썼다.

이 시리즈의 가장 큰 장점은 내용과 형식의 조화로, 아이들이 흔히 겪을 수 있는 일상사를 철학 이론으로 해석하고 재미있는 이야기로 담은 것이다. 또한 아이들의 눈높이에 맞는 쉽고 명쾌한 해설인 '철학 돋보기'를 덧붙였으며, 각 권마다 줄거리나 철학자의 사상을 상징적으로 표현한 삽화로 읽는 재미를 더한다. 철학 동화를 이끌어가는 주인공을 형상화하고 내용의 포인트를 상징적으로 표현한 삽화는 아이들의 눈을 즐겁게 만들어준다. 무엇보다 이 시리즈는 철학이 우리 생활 한가운데 들어와 있고, 일상이 곧 철학이라는 사실을 잘 보여준다. 무엇보다 자기 자신을 극복한다는 것, 인간을 사랑한다는 것, 진정한 인간이 된다는 것, 현실과 자기 자신을 긍정한다는 것 등의 의미를 아이들의 시선에서 풀어내고 있다.

과학공화국 법정시리즈 (전 50권)

생활 속에서 배우는 기상천외한 수학 · 과학 교과서!
수학과 과학을 법정에 세워 '원리'를 밝혀낸다!

이 책은 과학공화국에서 일어나는 사건들과 사건을 다루는 법정 공판을 통해 청소년들에게 과학의 재미에 흠뻑 빠져들게 할 수 있는 기회를 제공한다. 우리 생활 속에서 일어날 만한 우스꽝스럽고도 호기심을 자극하는 사건들을 통하여 청소년들이 자연스럽게 과학의 원리를 깨달으면서 동시에 학습에 대한 흥미를 가질 수 있도록 구성하였다.